伟 大 的 思 想
GREAT IDEAS

09

为何观看动物
WHY LOOK AT ANIMALS?

〔英〕约翰·伯格　著
刘　彬　译

商务印书馆
The Commercial Press

WHY LOOK AT ANIMALS?
© John Berger, 2009 and John Berger Estate
Selection copyright © Penguin Books Ltd
Cover artwork © David Pearson
Simplified Chinese edition copyright © 2023 by The Commercial Press in association with Penguin Random House North Asia.
All rights reserved.

"企鹅"及相关标识是企鹅兰登已经注册或尚未注册的商标。未经允许，不得擅用。
封底凡无企鹅防伪标识者均属未经授权之非法版本。

涵芬楼文化　出品

↣ **译者序**

约翰·伯格（John Berger，1926—1917年）是英国当代小说家、画家、博物学家、马克思主义艺术批评家，公共知识分子，被视为西方左翼浪漫精神的真正传人。他的左翼思想倾向及其大胆而犀利的论断也让他成为颇具争议性的公众人物。伯格的小说《G.》曾荣获1972年布克奖，证明了他高超的文学造诣。他的艺术批评小册子《观看之道》于1972年在英国广播公司（BBC）隆重推出，同时出版配套的图文书籍。《观看之道》被奉为视觉文化研究必读经典。

伯格关注事物的公共价值，一生撰写了大量有关摄影、艺术、政治与回忆性的散文，显示了宽阔的视野与卓越的洞见，流露出强烈的批判精神与悲悯之心。伯格终其一生关注着三个主题：第一，艺术、艺术家和政治的关系；第二，视觉或观看本身的意义与歧义；第三，当代经济政治变迁中的农村和农民。因此，他的作品总是呈现出自然、艺术与政治三个维度。

与高深莫测的学术论著大相径庭，伯格的作品始终洋溢着感性与诗意，这让他与学院派评论家拉开了一定的距离。伯格以感性方式感知世界，用诗意语言表述自己的感性。他很少进行抽象的理论阐释，更多的时候是专心"观看"，然而，在貌似粗浅的感性之下藏着他对世界的深邃思考。

在《为何观看动物》中，伯格沿袭一贯的"观看之道"，继续流连于感性与诗意之中。本册由九篇散文式的独立短文组成，涉及众多话题，写作时间从20世纪70年代到21世纪，足足跨越了四十个年头。在这本小书中，伯格"观看"自然界中的动物，"观看"绘画中的动物，"观看"动物园中的动物，"观看"人性百态。"观看"的内容具体而感性，但绝不是随性的。叙述的内容日常琐碎，语言直白，甚至带有口语色彩，但每一篇都隐含着他对某一事件的哲理思考。

该书收集的第一篇短文是《老鼠的故事》。它以平铺直叙的方式讲述了人鼠之间的故事。一个人为了防止老鼠爬到厨房偷吃面包，便自制了一个捕鼠器。他把抓到的每只老鼠都带到村外的田野里，然后"观看"它们从笼子里逃出来的那一刻的反应。尽管老鼠们的具体反应各异，但在重获自由之际，每一只都显得异常兴奋。伯格不由自主地感慨道："他一直希望，有生之年能够再次看到一个被囚禁者展翅高飞，一个被囚禁者实现了自由梦想。"这句点睛之笔不仅升华了主题，还让读者领略到了"感性观看，理性思考"的伯格式"观看之道"。

该书收集的第二篇短文《推开一扇门》通过一只无意中飞入房间的燕子引出了芬兰摄影师彭蒂·萨马拉赫蒂拍摄的一组动物照片。在对这组照片进行了专业点评之后，伯格反问："我在这些照片中看到了什么呢？"随后，他自然而然地摆出了自己的理性思考："我们司空见惯且显而易见的秩序并非唯一的秩序……人类秩序仍然显而易见，但已不再是中心。相反，它已从中心滑落。"这一思考彰显了对人类中心主义的质疑。即便在"后人文主义"的今天，这一观点也没有过时，反而成为人文社科领域的研究热点，充分证明了伯格思想的超前性与颠覆性。

第三篇文章《为何观看动物》是本书篇幅较长的一篇。它梳理了人与动物关系的历史变迁，其中涉及大规模农场养殖、宠物、家畜、动物绘本读物、动物的拟人化、19世纪浪漫主义绘画、动物园、儿童玩具等具体领域。伯格据此提出了一个与传统人文主义思想截然不同的观点，即"动物与人一起构成了人类世界的中心"，动物是独立个体，"动物也会观看人类"。然而，傲慢的人类根本不愿意接受这一事实，他们在文化上将动物边缘化，将动物收编入人类文化并剥夺了它们原本的意义。不仅如此，伯格还富有洞见地揭示了动物园与权力话语之间盘根错节的隐秘关系，并认为贫民窟、集中营、监狱、精神病院等社会机构组织在本质上与动物园类似，都是对物种进行隔离与关押。他痛心地指出，在资本主义文化之下，人与动物之间的彼此凝视已不复存在，这是无法弥补的损失。

在《猩猩剧院》一文中，伯格回忆了观看猩猩表演的往事，由此表达了对达尔文进化论以及新达尔文主义等主题的看法。在《白色的鸟》一文中，伯格回到自己熟稔的美学艺术领域，阐明了自己的艺术评价标准，即艺术的价值在于是否帮助现代社会中的人们维护社会权力。《食物与用餐者》一文则提出了一个貌似肤浅的问题：资产阶级如何获取自己的食物？该文在对资产阶级与农民的用餐方式进行对比研究后指出：农民吃完饭心满意足，然而，资产阶级的一顿饭不但无休无止，还会让他们产生永远无法满足的欲望。在接下来的《荒野》一文中，读者跟随着伯格的"观看"视角走进自然，倾听大自然奏响的各种音乐，领略大自然之美，领悟伯格在自然启发下对"事件"这一术语进行的哲学思辨。在《它们是最后的动物》中，伯格用充满诗性的语言与冷峻的口吻不动声色地控诉人类带给动物的毁灭性灾难，其中充满他对众多动物濒临灭绝的无奈、无助与无解。在最后一篇文章《恩斯特·菲舍尔：哲学家与死亡》中，伯格回忆了与"异端"马克思主义者恩斯特·菲舍尔在一起的最后时光，描述了他致力于工人阶级革命伟大而平凡的一生。

一如伯格其他作品的叙事风格，《为何观看动物》没有振聋发聩的口号，没有宏大的叙事，没有华丽的辞藻。进入他"观看"视野的恰恰是大多数人无视或者不屑于"观看"的事物：偷吃面包的老鼠，误闯入房间的燕子，艺术家镜头下的狗，动物园里的动物，动物玩具，表演的猩猩，白色木头做的鸟，不同阶级的饮食习惯，荒野中发生的事件，花园里潺潺的水流声，等等。在这些不被人"观看"的"事件"中，伯格对生死、对人生、对艺术、对政治、对自然展开了哲学思考。《为何观看动物》是伯格对自己独特的"观看之道"的具体阐述，也将为21世纪以来人文社科研究领域的"动物转向"提供宝贵的理论视角。

在被问及为何年逾八旬依然笔耕不辍时，伯格这样解释道：

> 一个从事写作的人，应该勤于记录身边正在发生的重要事情；即便一开始书写产生的力量看似微不足道，或被人视而不见，请不要轻言放弃。"书写"包含着一种非常含蓄而内敛的生命力，它擅长蓄积能量，然后在某个时刻使读者产生微小甚至不小的改变。

毋庸置疑,《为何观看动物》将使读者产生微小甚至不小的改变。读者不仅可以效仿伯格的"观看之道",还可以在伯格所"观看"的世界里重新思考人与动物的关系,重新反思人类中心主义思维,从而获取一种崭新的"观看"世界的方式。

刘 彬

✈ **目 录**

为何观看动物 1
老鼠的故事 3
推开一扇门 9
为何观看动物 15
猩猩剧院 47
白色的鸟 67
食物与用餐者 75
荒　野 85
它们是最后的动物 93

恩斯特·菲舍尔：哲学家与死亡 99

为何观看动物

➻ 老鼠的故事

从前有个人，在每天吃早餐之前都先用切面包的刀把手里的面包切掉十厘米，然后再吃。

此人之所以这样做，是因为每天晚上老鼠都会在面包中间啃一个洞。每天早上，面包上留下一个老鼠大小的洞。尽管家猫捕捉鼹鼠，但它们对啃面包的灰鼠却视而不见，或许是被收买了的缘故吧。

这种情形持续了几个月。很多次，此人在购物清单上增加了捕鼠器。但是，他好几次都忘记了，也许是因为村民们曾经购买捕鼠器的商店不复存在了吧。

一天下午，此人正在附近的棚子里找锉刀。锉刀没找到，他却无意中看到一个显然是手工制作的非常牢固的捕鼠器。这个捕鼠器底部是一块长18厘米、宽9厘米的木板，木板四周是用铁丝扎起来的结实笼子。每两根平行铁丝之间的距离不超过0.5厘米。这个宽度足够让老鼠探出鼻子，但绝无可能伸出它的两只耳朵。笼子高8.5厘米，老鼠有充分的空间依靠健壮的后腿站立起来，并且可以用四个指头的前爪牢牢抓住最高处的铁丝网，把鼻子探出去，但绝对不可能逃出去。

笼子一端装着一扇门，向上开合，门上拴着一条螺旋状弹簧。门打开时，弹簧被拉紧，随时可以弹回来关上门。笼子顶端装着一条拉发线，用来拴住打开的门。然而，这根拉发线超出门框约一毫米，约等于一根头发的直径。在笼子里面，在铁丝另一端有一个钩子，上面挂着一小片芝士或没煮过的肝脏。

老鼠经不住诱惑爬进了笼子。它的牙齿一碰到诱饵，拉发线就把门松开，它还来不及转身逃出去，门已经关上了。

过了好几个小时，老鼠才意识到，自己被关在笼子里了。当然，在这个长18厘米、宽9厘米的笼子里，它将毫发无损。一旦意识到被关在里面，它禁不住颤抖起来。

此人把捕鼠器拿进房间，尝试着使用它。他把一片芝士挂在钩子上，然后把它搁在放面包的橱柜里的一块隔板上。

第二天早上，此人发现笼子里进了一只灰鼠，里面的芝士完好无损。笼子里的老鼠显然失去了胃口。他拎起笼子，老鼠拼命躲在那根拴在门上的弹簧后面。它那双乌黑的眼睛一眨不眨地盯着。此人把笼子放在餐桌上，认真观看老鼠，看得越久越觉得，老鼠直立的时候与袋鼠有几分相似。老鼠安静下来，房间也因此变得安静。不久，老鼠开始在笼子里不停地转圈，三番五次地用前爪试探着铁丝之间的距离，试图找到稍大一点的空隙钻出去。它尝试着用牙齿咬铁丝。然后，它坐下来，把爪子伸入嘴里。极少有人像这个人那样长时间地观看老鼠，反之亦然，极少有老鼠像这只那样长时间地观察人。

此人把笼子拎到村外的田野，放在草地上，打开了笼门。老鼠过了一分钟才意识到，第四堵墙消失了。它用鼻子和嘴巴在门口试探着，然后飞奔而出，逃到最近的一片草丛里躲了起来。

第二天，此人在笼子里发现了另一只老鼠。这一只比第一只个头大一点,但是更加焦躁不安,或许因为更年老吧。此人把笼子放在地板上,然后坐下来观察老鼠。老鼠爬到笼子顶端,倒挂着身子。此人再一次来到田野,打开笼子,这只年迈的老鼠随即跳了出来,沿着之字形路线逃走,一会儿就无影无踪了。

一天早上,此人又发现笼子里有两只老鼠。很难判断,它们在何种程度上知晓彼此的存在,或者说,很难猜测,一只老鼠的存在到底加剧了还是减轻了另一只的恐惧。一只老鼠耳朵很大,另一只毛色更加亮泽。老鼠和袋鼠相似,后腿都非常强壮;跳跃的时候,强壮的尾巴犹如一根杠杆,牢牢地支撑着地面。

在田野里,此人打开了笼子的门,老鼠们没有丝毫犹豫,双双迅速钻出笼子,然后分道扬镳,一只朝西,一只朝东。

之后,几乎再也没有老鼠啃咬橱柜里的面包了。这一天,此人拎起笼子,又发现一只老鼠。这只老鼠和其他的一样惊慌失措,但行动明显迟缓。此人走出厨房取邮件,与邮递员聊了一会儿天儿。当他返回厨房时,笼子里多了九只新生的小老鼠。鼠宝宝粉嘟嘟的身体看起来非常健康，每只长约一粒长米的两倍。

十天后，此人不禁嘀咕：在田野上放生的那些老鼠，其中会不会有一只再回来？但转念一想，这种可能性太小。他曾近距离非常仔细地观察过每一只老鼠，他相信，如果有一只回来，他应该能马上辨认出来。

现在，笼子里的这只老鼠侧着脑袋，仿佛正在戴帽子。它的两只前爪各有四根指头，两只爪子分别放在嘴巴两侧，牢牢地抓住地面，像钢琴师放在钢琴键盘上的手。它的两条后腿紧紧地夹着，向前伸展，几乎到耳朵下方。它的耳朵竖立着，长长的尾巴向后伸展，紧贴着笼子的底部。此人把笼子提起来时，老鼠惊恐万状，但它没有躲在那根连着门的弹簧后面，也没有退缩。老鼠扬起头，与这个人对视。此人第一次想到，应该给这只老鼠取个名字，于是给它取名"阿尔弗莱德"。他把笼子放在餐桌上，自己的咖啡杯旁。

后来，此人拎着笼子走到田野。他蹲下来，把笼子放在草地上，打开门。老鼠走近门后，扬起小脑袋，嗖的一下跳了出去。它不是急促奔跑，更像是飞了出去。相对于自己的体形大小,老鼠比袋鼠跳得更高、更远。它跳着离开,仿佛重获自由。它只跳了三下,跨度长达五米多。这个人蹲在那里,看着这只名叫"阿尔弗莱德"的老鼠跳着、跳着,最终消失在田野。

第二天,橱柜里的面包完好无损。这个人确信,一天前的这只老鼠应该是最后一只。蹲在村外的田野里,打开笼门,这个人等待着。这只老鼠过了好一会儿才意识到,自己可以离开了。一跳出笼子,它便快速窜入那片最近且长势最茂盛的草丛。这个人有点失望。他一直希望,有生之年能够再次看到一个被囚禁者展翅高飞,一个被囚禁者实现了自由梦想。

2009年

推开一扇门

卧室天花板是浅浅的天蓝色，颜色已开始褪去。房梁上挂着两个锈迹斑斑的大钩子。很久以前，村民用这个钩子挂熏制的香肠与火腿。这个房间也正是我写作的地方。窗外是一片老李子树。树上正结着乌黑的果实，果树后面是离我最近的一座小山，也是登山的必经之路。

这天一大早，我还躺在床上，一只燕子飞了进来，在房间里盘旋着。当它意识到这个错误后，旋即从窗口飞了出去，掠过这片李子树，停在电线上。我讲述这件小事，是因为它让我想起著名芬兰摄影师彭蒂·萨马拉赫蒂的照片。那些照片就像这只燕子一样违反常规。

我在两年前收藏了彭蒂·萨马拉赫蒂的一些照片。我常常把它们拿出来，与路过的朋友一起分享。通常，他们的第一反应是惊讶，一旦凑近仔细观看，他们的脸上就会绽放出会心的微笑。他们看着照片中的风景，停留的时间往往比观看一张普通照片更长久。他们会问我是否与彭蒂·萨马拉赫蒂有私交，或者他们会问具体的拍摄地点在俄罗斯的什么位置，拍摄年份是哪一年。他们从未试图借助语言表述自己的喜悦之情，因为此刻的喜悦既是私人的，又是私密的。他们所做的仅仅是更加仔细地观看并努力记住它们。那么，这些照片上有什么呢？

每张照片上至少有一条狗。狗的轮廓清晰，这也许仅仅是一种小技巧。然而，事实却是，狗为我们提供了打开一扇门的钥匙。不，一扇大门的钥匙——因为在这里，一切事物都明白无误地展露在外，在室外，在不远处。

我也注意到，每张照片都有一束独特的光，这束光随着晨昏或四季的流转而变化。毫无例外，所有人物都在这束光中找寻着动物、淡忘的名字、归家的小路、崭新的一天、安稳的睡眠、下一辆卡车和春天。在这束光里,没有永恒,只有瞬间。这束光也是打开一扇大门的钥匙。

这些照片一律采用全景照相机拍摄,在进行大范围地质调查时,人们通常使用这种照相机。我认为,这种情况下必须使用全景镜头,这不是出于美学考量,而是基于科学性以及观测的全面性。聚焦更窄的镜头势必无法拍下我在彭蒂·萨马拉赫蒂照片中所看到的风景,也势必忽略这些风景。那么,我在这些照片中看到了什么呢?

在日常生活中,我们总是与周遭的日常现象保持着不间断的互动。我们对这些现象往往耳熟能详。尽管有时候以新颖而出乎意料的方式出现,但它们总是有助于我们界定自我。即使有时发生一些极具危险性的事情,比如,看见一栋房子着火,或者看见一个人嘴里衔着刀向我们走来,但这些事情仍然(以紧迫的方式)让我们想起自己的生活及其意义。我们的惯常所见肯定了我们的存在。

然而,有些事虽然发生得突然、出乎意料,甚至模糊不清,但我们透过它们能看到另一种有形的秩序。这种秩序既与我们的秩序发生关联,又与它毫不相干。

电影胶片的速度是每秒二十五帧。上帝才知道，每秒有多少画面从我们的日常感知中流逝。但是，在我正在谈话的短暂片刻，仿佛突然出现了两个画面，令人极度不安。我们看到的是显而易见的那一部分，但它们并不是因为我们而出现。也许，它们是因为夜晚的鸟儿、驯鹿、雪貂、鳗鱼、鲸鱼等动物而出现的。

我们司空见惯且显而易见的秩序并非唯一的秩序：它与其他秩序共存。仙女故事、鬼精灵故事、食人魔故事等显示了人类向这种共存关系妥协的努力。猎人们知道这种关系，因此能够读懂普通人无法读懂的信号。孩子们可以凭直觉感受到这种共存关系，因为他们习惯于躲藏在事物背后。在这里，他们能发现不同的、显而易见的秩序，以及它们之间的裂缝。

狗拥有擅长奔跑的腿、敏锐的鼻子和对声音的超强记忆，它们对不同秩序之间的裂缝具有一种天然的敏锐。它们的眼睛所释放的信号总是令我们困惑不已，因为它们无声且紧迫。这双眼睛既与人类秩序合拍，又与其他显而易见的秩序吻合。或许，这就是为什么在很多情形下，基于不同理由，我们愿意把狗训练成向导。

或许，正是一只狗把这位伟大的芬兰摄影家引领到了那一刻，那个地方，从而拍下了这一组伟大的照片。在每一张照片中，人类秩序仍然显而易见，但已不再是中心。相反，它已从中心滑落。裂缝正在产生。

然而，结果令人不安：这将滋生更多的孤独、痛苦与遗弃。与此同时，还有一种自孩提时代以来就不再体验到的期待。那时，我和狗说话，倾听它们的秘密，并帮它们保守着这些秘密。

2001年

➢➢ 为何观看动物

为吉尔斯·阿约而作

19世纪,西欧与北美开始了一段新的进程,20世纪的今天,公司资本主义的出现标志着这一进程的结束。在这一进程中,将人与自然联结起来的每一种传统都被撕裂。在此之前,动物构成了人类居住环境的第一圈层。也许这已经意味着两者之间的裂痕。动物与人一起构成了人类世界的中心。这种中心性当然是出自经济功能与生产功能的考量。不管生产方式与社会结构如何衍变,人类在衣食住行等方面对动物的依赖并未改变。

然而,认为动物最初以肉类、皮革或犄角的形式进入人类想象,无异于是把一种生发于19世纪的观点向前推移了一千年。事实上,动物起初以报信者的身份出现在人类想象中，代表着神的承诺。比如，人类最初并非基于喝奶与食肉的原因而驯养牛。牛具有魔法功能，有时是神谕功能，有时是祭祀功能。把某种既定的物种挑选出来并赋予其魔法，驯服它，把它当作食物，这往往取决于这种动物的习性、与人类的亲疏程度，以及对人类的吸引力。

> 白色公牛是我的母亲
> 我们是我姊妹的族人
> 奈亚里奥·布尔的子民……
> 朋友啊，头顶巨大犄角的伟大的牛啊，
> 他在畜群中吼叫，
> 布尔·马洛亚儿子的牛。

（伊文思·普理查德：《努尔人：对尼罗河流域努尔民族生活方式与政治体制的描述》）

动物来到这个世界，它们具有感知能力和有限的生命。从表层解剖结构——而不是深层解剖结构——来看，它们的习性、时间观念、身体机能等都与人类有差异。它们与人类既相似又不同。

我们知道动物会做什么,也知道海狸、熊、鲑鱼与其他动物需要什么,因为我们的男人曾和它们结婚,从自己的动物妻子那里获得了这些信息。

(列维-斯特劳斯在《野性的思维》中引用夏威夷印第安人的话)

当动物在观察人的时候,它们的双眼专注而谨慎。这只动物也会以同样的方式观看其他物种。它并非只以这种方式观看人类。但是,除了人类,其他物种不可能意识到,这只动物的眼神看起来非常熟悉。其他动物会被这种眼神震慑,人却能够意识到,自己正在回视对方。

动物打量着人,但它的眼前横亘着一道令它无法理解的深渊。这就是为什么人能让动物惊讶。当然,动物,即便是家养动物,也会惊吓到人。横亘在人面前的同样是一道无法理解的深渊,它与动物眼前的那道深渊类似,但并非完全一致。无论人望向哪里,都是如此。人总是带着无知与恐惧眺望远方。因此,在被动物凝视时,人类与那些被凝视的景致并无二致。正是意识到这一点，人才会在动物的眼神里感受到亲切与熟悉。然而，动物是独特的个体，永远不可能与人类混为一谈。因此，一种与人类的力量具有可比性，却绝不可能完全一致的力量被归于动物。动物所隐藏的秘密非常明确地指向人类，这一点与洞穴、山脉、海洋的秘密不同。

把动物的凝视与人的凝视进行比较，使这种关系变得更加显而易见。原则上，人与人之间同样存在难以理解的深渊，但这道深渊可以通过语言予以弥合。即使两人充满敌意，彼此完全没有言语交流（或者两人操着不同的语言），但语言的*存在*意味着，即便不是双向，至少有一方可以得到对方的确认。语言让人类自我思考，也促进了他们之间的交流。（语言的确认功能包括对人类的无知与恐惧的确认。动物的恐惧是对某种信号的反应，而人类的恐惧则是固有的。）

无论主动还是被动，没有哪只动物能确认人的意思。动物被杀死、被吃掉，它的能量被认为随之转移到了猎人身上并与猎人已有的能量相叠加。动物被驯服，这样它就能为农民干活儿，变成一种劳动力。但是，因为缺乏共同语言，动物的沉默确保了它与人类之间的距离，它的独特性与排他性。

然而，正是因为这种独特性，动物的生命与人类的生命永远不会混为一体，两者之间呈现平行关系。只有在死亡的瞬间，两条平行线才会交汇，或许死亡后，两条线又重新回到平行状态：因此，普遍存在一种灵魂轮回的观点。

由于二者生活的平行关系，动物陪伴人类，充当人类的宠物，这和人与人之间的陪伴关系完全不同。而差异在于，动物的陪伴是为了缓解人类物种的孤独。

这种无言的陪伴令人感到人与动物之间如此平等，以至于人类常常坚信，恰恰是因为人类缺乏与动物交流的能力，人们才会在一些故事与传说中杜撰一些例外情况，比如，俄耳甫斯能用动物语言与动物交谈。

动物与人类的相似与差异蕴藏着怎样的秘密？一旦人开始解读一只动物的眼神，他就能立刻意识到这个秘密的存在。

从某种意义上来说，人类学整体上研究从自然到文化的演化，它能为以上问题提供答案，但只是一个一般的答案。所有的秘密在于，动物在人类与其最初生命形式之间起着桥梁作用。达尔文的演化论不可磨灭地烙上了19世纪欧洲的印记，无论如何，它属于一种传统，一种与人类历史一样悠久的传统。动物介于人类与其原初生命形式之间，它们既与人类相似，又与人类不同。

动物来自地平线的另一端。它们既属于这里，也属于那里。同样，它们的生命既永恒又短暂。动物的血像人血一样流动，但是动物物种生生不息，永恒不朽。每一头狮子都代表着狮子物种，每一头牛都代表着牛物种。这——或许这是最早的存在二元论——体现在人们如何对待动物的方式上。动物既被崇拜又被践踏，既被繁殖又被屠宰。

现在，那些与动物亲密生活在一起并依赖动物生活的人仍然持有这种二元论。一个农夫喜爱自家的猪，并且同时欢快地腌制猪肉。尤其对都市人而言，难以理解的是，上面这句话中两个分句的连接词是并且，而不是但是。

动物生活与人类生活既相似又不同，它们之间的平行关系引发了关于某些原初问题的思考，同时也为这些问题提供了答案。动物是人类绘画的第一个表现主题。或许，动物的血是人类使用的第一种颜料。动物隐喻是人类使用的第一个隐喻,这一猜想并非毫无理据。卢梭在《论语言的起源》中认为,语言本身始于隐喻:"正如情感是激发人们说话的第一动机,人类的第一句话就是比喻(隐喻)。最初出现的是比喻语言,准确恰当的意义是后来才找到的。"

如果第一个隐喻是动物隐喻,这是因为人类与动物的关系本质上是隐喻性的。在这种关系中,两个术语——人与动物——所拥有的共同点恰恰也显示了两者之间的差异。反之亦然。

在论图腾的书中,列维-斯特劳斯对卢梭的推断做了如下评论:"人类最初觉得,自己和所有类似的物种一模一样(卢梭明白无误地指出,其中必须包括动物)。正因如此,他逐渐习得了一种在辨识**它们**的同时辨识**自己**的能力——利用物种多样性为社会差异提供概念性支持。"

当然,接受卢梭有关语言起源的解释将会引出一些问题(突破语言发展所需的最小社会组织是什么?)。然而,任何一种追根溯源的考察都无法取得令人完全满意的结果。正是因为动物的模棱两可,它才会如此频繁地出现在有关人类溯源的研究中。

所有关于溯源的理论仅仅是更清晰地界定了将来会发生的事。那些不赞同卢梭说法的人并不是否定他所提供的历史事实,而是不赞同他提出的关于人的观点。因为经验已经几乎全部丢失,我们目前只能尽量明确,在描述经验世界时,动物符号的一般用法。

在十二种星象符号里,有八种与动物相关。在希腊文化中,白天的十二小时用十二只动物符号表示(第一个动物符号是猫,最后一个是鳄鱼)。在印度人的想象里,大象托举着地球,同时大象踩在乌龟背上。南苏丹的努尔人则认为(参见罗伊·威利斯的《人与兽》):"所有的生物,包括人类,最初以伙伴的关系居住在同一个营地。有一天,狐狸教唆猫鼬朝大象脸上丢去一根棍子,自此之后,营地开始出现分裂。经过一番争吵,动物组织分崩离析;每只动物开始独立生活,彼此之间互相残杀,一直延续到现在。胃最初独自生活在灌木丛里,后来进入人体内,于是人类开始感受到饥饿。性器官曾经也独立于身体,后来依附在男人与女人身上,导致他们不断地渴望彼此。大象告诉人类,如何敲破栗子壳取出果肉,所以他现在只能通过日复一日的劳动驱除饥饿感。老鼠告诉男人如何做父亲,告诉女人如何生孩子。狗把火种带给人类。"

类似的例子数不胜数,无处不在。动物为某些问题的阐释提供了途径,或者更准确地说,让我们借用它们的特征或名字来形容某些品质,而这些品质正如一切品质那样,本质上是神秘的。

人与动物的区别在于,人具有象征性思维能力,这种能力与语言的发展密不可分。语言中的词汇不是单纯的信号,而是指涉它自身之外的某物。然而,动物是第一批象征符号。人与动物的区别也来自此二者与符号之间的关系。

《伊利亚特》是现存最古老的文本,它运用了大量隐喻,揭示了人与动物的密切关系,正是密切的关系产生了这样的隐喻。作者荷马描述了战场上一名战士的死亡,接着是一匹战马的死亡。在荷马眼里,战士与战马的死亡具有同等意义,并不厚此薄彼。

"与此同时,伊多墨纽斯用青铜长矛毫不留情地刺穿了厄鲁马斯的嘴部。锋利的金属头直挺挺地穿过他头颅的下半部,头骨裂成碎片。他的牙齿也被撞飞了,两只眼睛溢满了鲜血;血从鼻子和张开的嘴里喷涌而出。然后，死亡的黑云笼罩着他。"这是荷马对人之死的描述。

三页之后，描写的是一匹战马的倒下："萨耳裴冬再次抡起那支闪亮的矛，虽然没有刺中帕特罗克洛斯，但刺中了他坐骑的右肩。马在死神来临之时痛苦地嘶鸣着，然后跌倒在尘埃里，长吁了一口气，走到了生命尽头。"这是对动物之死的描述。

在《伊利亚特》第十七卷的开篇，墨奈劳斯站在帕特罗克洛斯的尸体旁，试图阻止特洛伊人剥下他的铠甲。此处，荷马把动物当作隐喻性的参照物，以讽刺，或以敬畏的口吻，表达了不同时刻极度或过度的情绪状态。*假如没有动物隐喻*，这种时刻很难用言语表述。"墨奈劳斯跨立在他的尸体上，如同一只惴惴不安的牛妈妈跨立在它刚刚生下的第一头小牛上方。"

特洛伊人威胁他，讽刺的是，墨奈劳斯向宙斯大声喊道："你曾见过这样的傲慢吗？我们熟悉猎豹、狮子以及狂怒的野猪的勇猛，它们是最独立，最勇敢的动物。然而，与潘苏斯的子民相比，它们的勇猛不足为道……"

墨奈劳斯把那个威胁他的特洛伊人杀死后，无人敢再靠近他。"他像一头对自己的力量充满信心的山狮,向正在食草的牛群中那只最肥美的小母牛扑过去。他用强壮的下颌咬断它的脖子,将它撕成碎片,吸食它的血,吞噬它的内脏。牧羊人和牧羊犬围在他身边狂吠着,却始终与他保持着一定的距离——因为他们惊恐万分,无论如何也不敢围上前去。"

亚里士多德生活的年代比荷马晚了几个世纪。他撰写的《动物志》一书对人与动物做了比较,并对此展开了系统研究,是第一部以此为主题的科学著作。

> 绝大部分动物都保留着某些身体与个性特征,这些特征在人类身上以更显著的方式得以体现。我们已经了解了人与动物身体器官的相似性,因此我们能够在不少动物那里观察到以下品质:温柔与暴躁,顺从与凶残,勇敢与胆怯,恐惧与自信,情绪高昂与情绪低落,它们在智力方面具有近乎睿智的判断力。人类同样具备部分上述特征,较之动物,仅仅存在分量上的不同。换言之,人或多或少具有这种特质,而动物则或多或少具有那种特质,通过动物,

人类的某些特征以类似而并非完全相同的方式展示出来。比如，人具备知识、智慧与理智，有一些动物与生俱来地拥有类似的潜能。观摩孩童的状态有助于更好地理解这句话所包含的道理。我们能够观察到，一个孩子身上残留着某些事物的痕迹或者某些事情的萌芽，这些事物有一天将变成稳定的心理习性，尽管从心理上来说，孩子与动物在短时期内几乎没有区别……

我觉得，对大部分"受过教育的"现代读者而言，上面这段话读起来庄重，但拟人色彩过于浓重。他们会争辩说，将温顺、暴躁、睿智等品质赋予动物的做法并不妥当。这一反对观点得到了行为主义者的支持。

然而，直到19世纪，拟人化一直是阐释人与动物关系时必不可少的手段，它展示了两者之间的相似性。拟人化是长期以来使用动物隐喻的遗产。在过去两个世纪里，动物在逐渐消失。如今，我们的生活已摆脱了对动物的依赖。而在这种新的孤独中，拟人化加剧了我们的焦虑不安。

笛卡尔的理论是一次决定性的突破。笛卡尔将隐含于人与动物关系中的二元性内化于人。他断然割裂身体与灵魂的关系，认为身体受制于物理和机械定律，既然动物没有灵魂，它们自然被化约为一种机械模式。

笛卡尔的理论突破带来的后果只是缓慢地发生。一个世纪之后，为了便于给动物及其能力归类，伟大的动物学家布封接受并使用了笛卡尔的机械模式。然而，他对动物流露出一种温情，使它们短暂地恢复了人类伴侣的地位。这种温情掺杂着一半的羡嫉。

人类为了超越动物、超越内心的机械模式所付出的巨大努力，他所追求的独特精神性所带来的一切，往往令人痛苦。因此，即便动物属于机械模式，相比之下，它们却更容易享有某种纯真。动物被抽空了经验，被剥夺了秘密，这种新发明的"纯真"激起了人类心中的某种怀旧情绪。史无前例地，人类将动物定格在流逝的过去。在写海狸时，布封写道：

> 人类将自己凌驾于自然之上，把动物贬低到自然之下，人类的凌驾高度与动物的贬低程度成正比：征服动物并使之沦为奴隶，或者给它贴上叛逆者的标签，然后合情合理地使用暴

力将其驱逐。动物的社会已逐渐分崩离析，它们的勤恳毫无收获，它们的试探性技巧已荡然无存；每一个物种都失去了它的一般特质，仅仅保留了自己的独特性，这些能力借由范例、模仿与教育获得；另一些能力则在永不停息的战战兢兢的求生过程中借由恐惧与需要而获得。这些没有灵魂的奴隶，这些来自过去、被剥夺一切权力的奴隶们，会有怎样的远见与计划呢？

只有在人迹罕至的地方，动物才保留着令人惊叹的勤劳品格，然而，几个世纪以来，人们却对此一无所知。在那里，每一个物种生活在一个稳定而祥和的社区，它们自由自在地生活着，发挥着与生俱来的能力，并不断予以完善。海狸或许是唯一留存至今却仍完好无损的例子，它是动物智慧的最后一块纪念碑……

尽管对动物的怀旧心理始于18世纪，但是在动物被边缘化之前，无数用于生产领域的发明仍然非常有必要，比如：铁路、电、传送带、罐头食品产业、汽车、化肥等。

在20世纪，内燃机取代了街头与工厂的役畜。

在快速的都市化进程中，乡村变成郊区，不论野生动物还是家养动物都越来越罕见。商业性掠夺已让某些物种（北美野牛、老虎、驯鹿等）濒临灭绝。而残存的野生生物被越来越严格地限制在国家公园和狩猎保护区内。

最终，笛卡尔的理论模式被超越了。在工业革命的最初阶段，动物被当作机器。儿童也被物化为机器。后来，在所谓的后工业社会，动物成为原材料。那些被当作食物的动物像人工产品一样被加工。

> 北卡罗来纳州正在推广一种巨型植物，该植物将占地15万公顷，但仅需雇用1000人，即每15公顷土地只需一个人看管。农作物的播种、施肥、收割都将由机械完成，其中包括飞机。这些农作物可以喂养5万头牛和猪……这些动物将永远不会踏上地面。它们被关在特殊设计的围栏中，在这里出生，在这里被喂养，直至长大。

（苏珊·乔治：《另一半如何死去》）

动物地位的降低既有理论依据又有经济历史缘

由，其过程大致与人被降格为孤立的生产与消费单位相同。事实上，在这个过程中，对动物的态度往往预设着对待人的态度。将动物劳动力物化为机械的观点被原封不动地挪用到对待工人劳动力的看法中。F. W. 泰勒创建并发展了以工时学与工业"科学化"管理为核心的"泰勒主义"。泰勒主义提出，工作不得不如此"愚蠢"和不近人情，以至于他（工人）的"心智较之其他物种更加像牛"。几乎所有的现代社会管理手段最初都是在动物实验中获得启发，然后逐渐发展与成熟。所谓的智力测试方法也是如此。现在，在界定人的概念时，即便像斯金纳那样的行为主义心理学家也仍将人的概念局限在他们从动物实验中得出的结论里。

难道没有一种途径能让动物得以继续繁衍而不是逐渐消亡吗？在最富裕的国家的城市里，我们从未见过像今天这样多的人拥有家庭宠物。在美国，估计至少有4000万只狗、4000万只猫、1500万只宠物鸟、1000万只其他宠物。

在过去，所有阶层的家庭都出于实用目的饲养家畜——看门狗、猎狗、捕食老鼠的猫，等等。无视动物的实用性而仅仅将其当作宠物，这是一种现代操作（在16世纪，宠物往往是指人工喂养的羊羔），从现存的社会规模来看，这也是一种独特的现象。这种现象是一种普遍而又个人化的退缩（退缩到私人家庭单位中）的一部分，这小家庭为来自外部世界的纪念品点缀着，或者说装饰着，这是典型的消费社会的特征。

小家庭生活单元缺乏空间、土地、其他动物、四季更迭、自然温度，等等。宠物要么被绝育，要么被迫与异性隔离，活动范围极度有限，几乎被剥夺了与其他动物的接触，被喂养的是人造食物。宠物的物质化过程在这句老生常谈中体现得淋漓尽致，即宠物逐渐地越来越像它的女主人或男主人。它们是主人生活方式的产物。

具有同样重要意义的是，宠物主人对待宠物的方式。（简单地说，养小孩儿与养宠物有所不同。）宠物对主人的某些性格特征做出回应，否则这些特征无法得到确认。从这一点来看，宠物让主人的身份**完整**。他对于自己的宠物而言与他对于任何人或任何其他事物而言并不同。不仅如此，宠物习惯性地做出反应，仿佛它能辨别这些特征。宠物犹如一面镜子，照出那些原本将永远被掩盖的特征。但是，双方在这种关系中都已丧失自主性（主人在他与宠物的关系中展示出独特的一面，宠物的一切身体需要则依赖主人），原本各自独立平行的生活已然被打破。

当然，相较于身体的边缘化，在文化上将动物边缘化的过程更为错综复杂。动物在人的脑海中留下深深的烙印，令人难以忘怀。谚语、梦境、游戏、故事、迷信、语言本身都令人联想到动物。脑海中的动物不仅没有被淡忘，还被收编入其他范畴，动物本身因此丧失了原本的意义。更为重要的是，动物已被收编入家庭生活，收编入奇观之中。

那些被家庭收编的动物类似宠物。但是，正如没有身体需求或身体限制的宠物，它们将成为人类彻头彻尾的玩偶。碧翠丝·波特的书籍和绘画为我们提供了一个早期的例子；迪士尼工业的所有动物产品是一个更近期的，也是更极端的例子。在这些作品中，微不足道的当代社会活动细节因被投射到动物王国而变得具有普遍意义。唐老鸭和侄子的下述对话可以充分说明这一点：

唐老鸭：伙计，多好的天气啊！多适合钓鱼、划船、约会或者野餐啊——遗憾的是我无法参加任何类似活动!

侄子:唐老鸭叔叔,你为什么不能参加?什么事情让你无法参加呢?

唐老鸭:孩子,人是铁,饭是钢啊!一如往常,我又破产了,发薪水之前永远都是破产状态。

侄子:唐老鸭叔叔,你可以散散步——去观鸟啊。

唐老鸭:(嘟囔着抱怨)我或许不得不去!不过,首先我要等等邮递员。或许他会给我带来一些好消息!

侄子:类似于某个不认识的亲戚从钱镇寄来一张支票吗?

除了身体特征,这些动物都被收编入所谓沉默的大多数中了。

被转化成奇观的动物以另一种方式消失了。在圣诞节的书店橱窗里以及书架上,三分之一的书是动物图画书。照相机把猫头鹰宝宝或长颈鹿定格在一个区域,这个区域能被照相机拍摄下来,但观众永远不能亲临其中。所有的动物就像水族馆里的鱼,只能隔着玻璃观看。这既是基于技术原因也是基于意识形态原因：从技术层面看，隐藏的照相机、望远镜镜片、闪光灯、遥控等等，这些现代技术设备拍摄出的引人注目的照片总是在暗示着，镜头中的一切通常存在于我们的肉眼之外。这些画面得以存在，我们唯一要感激的是透视技术。

在最近一部精心制作的动物图册（弗雷德里克·罗西夫的《野生动物节》）的扉页上写着这样一段话："这里的每一帧画面在现实世界里只能持续不到三百分之一秒，它们无法被人眼捕捉到。我们在这里见到了前所未见的景象，因为它们完全存在于我们的肉眼之外。"

在随之而来的意识形态中，动物总是被我们观看的客体。而它们能够观看我们的事实则被置之不理，变得毫无意义。它们是我们不断拓展的知识的客体。我们对它们的认知标志着我们对它们的权力，也标志着我们之间的区别。我们对它们的认知越多，与它们的关系就越疏远。

然而，在同一种意识形态里，正如匈牙利哲学家卢卡奇·格奥尔格在《历史与阶级意识》中指出的，自然也是一个价值概念。它是与社会规则相对立的价值，社会规则剥夺了人的自然本性并将其禁锢。"自然因此获得了以下意义：那些有机发展的事物，那些未经人类创造的事物，与人类文明的人工体系格格不入。同时，自然也可以被理解为构成了人类内心的一部分，这部分仍然是自然的，或者说，至少倾向于或者渴望再次成为自然的。"根据这一自然观念，野生动物的生活成为一种理想的生活状态，被压抑的欲望在这种状态中得以释放。野生动物的影像成为白日梦的起点：白日梦者从这里开始放飞自我。

下述新闻故事可以说明观念混淆的程度："伦敦主妇芭芭拉·卡特在'帮你圆梦'慈善竞赛中获奖，她说自己梦想着亲吻并拥抱一头狮子。然而周三晚上她惊恐不已地住进医院，脖子上伤痕累累。事情经过如下，四十六岁的卡特女士于周三被如愿带到了位于布德雷大街野生动物园的狮子园里。当她弯下腰抚摸那头名叫苏琪的母狮子时，狮子一跃而起，将她扑倒在地。看守人后来说：'我们似乎做出了错误的判断。我们一直以为，母狮子没有攻击性，绝对安全。'"

在19世纪的浪漫主义绘画中，对动物的处理方式肯定了动物正在逐渐消亡这一事实。在这些绘画中，动物藏身于仅仅存在于想象中的荒野。然而，只有一位19世纪的艺术家对即将发生的转变产生了浓厚兴趣，并在作品中以离奇的方式展示了该变化。1840年至1842年间，当时最著名的讽刺漫画家J. J. 格兰维尔以连载的方式出版了《动物的公私生活》一书。

初读此书，格兰维尔笔下的动物们在穿着打扮与言行举止方面，有的像男人，有的像女人，它们总体看来属于一种古老的传统。根据该传统，一个人被画成动物旨在更清晰地展示他/她的某一个性特点。这种技巧与戴上面具只是为了摘下面具类似，目的都是凸显本性。每一种动物代表某一特点，比如：狮子代表英勇无比，野兔代表好色，等等。这些动物的生活方式与这些特点吻合。正是通过动物，这些品质特征的辨识度才变得更高。从这个角度来说，动物借出了它的名字。

但是，当你继续欣赏格兰维尔的版画时，你会意识到，这些版画所带来的冲击恰恰源自它们与你最初的设想背道而驰。这些动物并不是为了解释人类而被"挪用"，没有什么被揭示，而是恰恰相反。

这些动物被强行塞进人类/社会情境，变成人类的囚徒。作为地主的秃鹫比作为鸟的秃鹫凶残得多。坐在餐桌边大快朵颐的鳄鱼比河里的鳄鱼更加贪婪。

在这里，动物的作用并不是提示人类的起源，或是充当道德隐喻，而是用来把所有情境拟人化。最初在格兰维尔作品中令人不安的、预言式的梦想，后来变为了庸俗的迪士尼文化。

在格兰维尔的版画里，野狗收容所中的狗绝不再是犬类，它们虽然有着狗脸，却遭受了与人类一样的囚禁。

在《熊是个好父亲》中，我们看到一头熊无精打采地推着婴儿车，像任何一个赚钱养家的男人一样。格兰维尔作品第一卷的结尾写道："那么，晚安吧，亲爱的读者。回家把笼子锁好，睡个好觉，做个好梦。明天见。"动物与人类正在变成同义词，这意味着，动物在逐渐消失。

格兰维尔后期的一幅画主旨清晰，名为《动物坐上蒸汽方舟》。在犹太-基督教传统中，人与动物第一次和谐地团聚在诺亚方舟上。这种团聚如今已一去不复返。格兰维尔为我们展示了"大分离"。在码头上，不同物种排着长长的队伍缓慢行走着，背对着我们。这种姿势让人想起移民在离开故乡前的迷茫。远处是一道斜坡，第一批物种已经走过这道斜坡，登上了19世纪的方舟，舟体类似美国汽船。熊。狮子。驴子。骆驼。公鸡。狐狸。退场。

《伦敦动物园导览》介绍道："大约在1867年，一个叫'大凡斯'的艺术家唱了一首歌，歌名是《在动物园散步才是赏心乐事》，自此，'动物园'这个词方才进入日常生活。伦敦动物园还把'Jumbo'［庞然大物］这个词引入了英语。Jumbo是一头非洲巨象，曾于1865年至1882年间在伦敦动物园生活。这头巨象甚至引起了维多利亚女王的极大兴趣。它最终成为在美国各地巡演的巴纳姆马戏团的明星演员，并在那里终老。'Jumbo'这个单词沿用至今，指的是体形巨大的事物。"

动物从人类日常生活中慢慢消失之际，正是公共动物园兴起之时。人们在动物园与动物相遇，观看它们、凝视它们，事实上是在缅怀两者之间曾经美好却永不再来的相遇。现代动物园是一种与人类存在的历史一样悠久的关系的墓志铭。人们并不这样认为，因为他们围绕动物园提出的问题是错误的。

伦敦动物园成立于1828年，巴黎植物园内的动物园成立于1793年，柏林动物园成立于1844年，这些动物园的成立都让其所在的城市声名鹊起。它们带来的声誉与皇家私有动物园带来的声誉没有本质不同。动物园以及黄金碟子、建筑、管弦乐队、演奏者、装潢、侏儒、杂技演员、制服、马戏、艺术与美食等，曾经是一个帝王或国王财富与权力的象征。同样，19世纪的公共动物园为现代殖民权力背书。捕捉一头异国动物象征着对遥远的异国疆域的征服。"探险者"通过运回一头老虎或一头狮子表达自己拳拳的爱国之心。把异国动物作为礼物馈赠给宗主国动物园，成为一种具有讨好色彩的外交行为。

然而，如同每一家19世纪的公共机构，无论实质上多么强烈地支持帝国意识形态，动物园都必须宣称自己的政治独立性与公益性。动物园强调自己是另一种形式的博物馆，其功能在于传播知识与启蒙大众。因此，与动物园相关的第一个问题属于博物学范畴，人们认为，在这种人造环境中研究动物的自然生活习性具有可行性。一个世纪之后，经验更丰富的动物学家康拉德·洛伦茨从行为主义与行为学角度提出了一些问题，目的是在实验室条件下通过研究动物进一步了解人类行为的发轫根源。

同时，基于好奇心，每年参观动物园的游客多达数百万人，他们的好奇心非常强烈、非常模糊、非常私人，很难用一个问题来表述。如今，法国境内的200家动物园，每年接待游客高达2200万人次。与以往一样，现在仍然以儿童游客为主。

在工业化社会，儿童世界充斥着各种各样的动物形象：玩具、卡通、图片、装饰，等等。没有哪一种形象可以与动物形象抗衡。儿童对动物的兴趣浓厚且具有自发性，人们据此认为，这种情况一直存在。当然，早期有一些玩具（当时绝大多数人并不知道什么是玩具）是动物玩具。同样，全世界的儿童游戏都涉及真实或杜撰的动物。然而，直到19世纪，动物玩具才变成中产阶级儿童必不可少的装饰。在20世纪，随着诸如迪士尼大型展示与销售体系的到来，动物玩具成为所有阶层儿童期的标配。

在20世纪之前，动物玩具的比例并不高。这些玩具并不刻意追求逼真的现实主义，而是具有象征色彩。这种差异类似传统木马与摇马的区别：前者只是一根棍子，上面装着一个非常简单的马头，孩子们就像骑在一根扫帚杆子上；后者则是一匹精心复制的马，活灵活现，套着真皮缰绳，披着真鬃毛，摇晃起来如同奔腾的真马。摇马是19世纪的发明。

追求动物玩具的逼真,这种需求造成了制造工艺流程的变化。最早的动物填充玩具诞生了,其中最昂贵的往往包裹着真正的动物皮毛——通常是流产的小牛的皮。这段时间也出现了毛绒动物玩具,比如熊、老虎、兔子等,孩子们可以抱着它们睡觉。因此,对动物玩具逼真性的追求与公共动物园的建立多多少少有关。

对一个家庭而言,游览动物园常常比逛一趟集市或看一场球赛更容易产生感伤情绪。成年人带着孩子去动物园,给他们解释动物玩具的原型,或许也有可能,他们自己也希望在那个复制的动物世界里重新找回某种纯真,那些铭刻在童年记忆里的纯真。

然而,动物往往辜负了成年人的记忆,与此同时,儿童看到的动物大多无精打采且目光呆滞。(动物园里常常可以听到孩子大声呼喊动物,有时孩子带着哭腔问:它在哪里?为什么它不动?它死了吗?)因此,尽管没有明确表达,但很有可能大部分游客充满疑惑:这些动物为什么和我想象的不一样?

这个非专业的、未曾表达出来的问题正是值得我们探究的问题。

为了观看、观察和研究动物，动物园竭尽所能地从世界各地收集各种动物物种。原则上，一个笼子圈住一只动物。游客到动物园观赏动物，他们从一个笼子走到另一个笼子，如同在艺术画廊里，在一幅画前停留片刻，然后移步到下一幅画，或者下下幅画。然而，动物园游客的视角总是错误的，就好比一张没有聚焦的照片。但是，人们对此如此习以为常，以至于几乎注意不到这个错误；或者，道歉总是预示着失望，以至于人们往往感受不到失望。道歉的一般套路如下：你的期待是什么？你过来看的并不是一只死气沉沉的动物，而是活生生的动物。它们在按照自己的方式生活着。为何它活着就一定要被人看到？然而，这种道歉的理由并不充分，真相往往更加令人惊骇。

不论你从哪个角度观看这些动物，即便它们紧贴栅栏，离你咫尺之遥，朝着你的方向看过来，**你看到的仍是一个已经被绝对边缘化的东西**。无论怎样集中注意力，你都永远无法使之中心化。为什么会这样？

在某种限度内，动物自由自在，但它们与观察者一样清楚自己被禁锢的事实。透过玻璃的可视性、栏杆间的空隙，或者壕沟上空荡荡的天空，一切并非表面看起来的模样——如果表里如一，那么一切都将不同。因此，可视性、空隙、天空都已成为一种符号。

这些东西一旦被当作象征符号，有时候便能够通过人工生产得以复制，从而造成一种纯粹的假象，比如，绘制在小动物居住的盒子背面的草原或者岩石潭。有时候，这样做仅仅是为了帮助人们想起动物原本生活的自然环境——构成猴子生活环境的枯树枝，为熊做的人工岩石，给鳄鱼的鹅卵石与小溪。这些添加的符号发挥着两个显著功能：对观众而言，它们像剧院道具；对动物而言，它们至少构建了一个让动物能够生存下来的微型环境。

这些动物被隔离，彼此之间缺乏交流，导致它们不得不完全依赖饲养者。由此带来的后果是，大部分动物的反应能力已经发生改变。被动等待外部力量随心所欲地介入替代了它们原本生活中的关注点。动物对草原风景画所做出的本能反应表明，一方面，它们所感受到的周遭环境已让它们产生幻觉；

另一方面,彼此隔离保障了它们的寿命,也便于对它们进行分类管理。

正是这一切将动物边缘化。动物的生活空间由人工仿制,因此它们倾向于挤到这个空间的边缘。(越过这个空间就可以抵达真正的空间。)有时候,笼子里的灯光也是人造的。这一切令人产生幻觉。周边什么都没有,只有它们无精打采或者过度充沛的精力。它们缺乏任何主动性——除了短暂地食用饲养者提供的食物以及非常偶尔地与分配给它们的配偶进行交配。(因此,它们常年的行为成了没有行为客体的毫无意义的行为。)最终,依赖性与隔离状态决定了动物的反应能力,导致周遭的一切——通常发生在它们眼前,也是游客的所在地——在它们看来都是毫无意义的。(因此,它们显示了一种本来只有人类才拥有的情感——冷漠。)

动物园、仿真的动物玩具、基于商业利益而广泛传播的动物图片,这一切与动物开始从人类日常生活中消失同步发生。或许有人认为,这种新现象是一种补偿。然而,在现实生活中,这种新现象与驱逐动物同属一种残酷的运动。事实上,动物园及其为展示而添加的戏剧性装饰再一次证实了动物如何被绝对边缘化的事实。仿真玩具刺激了对新型动物玩偶的需求,即都市宠物。在激烈的竞争中,动物图像复制——当它们的生物繁衍变得越来越罕见——不得不将动物复制得越来越具有异域风情。

各个地方的动物都在消失。动物园的动物犹如一座活的纪念碑,纪念着那些消失的物种。而这样做也催生了最后一个动物隐喻。《裸猿》《人类动物园》成了世界级的畅销书。在这些著作中,动物学家德斯蒙德·莫里斯提出,动物在被捕获状态下表现出的非自然举止能帮助我们理解、接受和克服在消费社会中所经受的压力与紧张。

某种程度上,所有带有强制性的边缘空间——例如,贫民窟、破败小镇、监狱、精神病院、集中营——都与动物园有类似之处。然而,把动物园当作一个简单的象征符号既简单粗暴又避实就虚。动物园展示了人与动物的关系,别无其他。如今,将动物边缘化的做法被借鉴到如何对待另一个阶层,即中下层农民。在历史的长河中,这个阶层一直与动物保持着亲密的关系,并在这种关系中汲取智慧。这种智慧的核心是继承与接受存在于人与动物原初关系中的双重性。对这种双重性的拒绝极有可能曾在现代极权制度的兴起中扮演重要角色。但是，我并不希望忽视那个非专业的、未能有效表达，却是关乎动物园的基本问题。

动物园只会令人失望。动物园的公共宗旨是为游客提供观看动物的机会。然而，无论在动物园的哪个地方，作为陌生人，你根本没有机会看到动物的眼神。最好的情形是，动物的凝视一闪而过，旋即跳过你而望向别处。它们要么斜视，要么空洞地望向远方。它们机械地扫视着。它们对凝视具有免疫性，因为再也没有任何事情能够成为它们关注的中心。

动物被边缘化的最终后果恰恰体现在这里。人与动物之间的凝视或许在人类社会发展过程中扮演过至关重要的角色，在不到一个世纪之前，彼此间的凝视一直是人类日常生活的一部分，如今却已无影无踪。在动物园观看每一只动物的时候，形单影只的游客更能体会到自己的孤独。对于人群而言，动物只是一个最终被隔离的物种。

这是历史性的损失，动物园是这一损失的纪念碑，在资本主义文化中，这项损失已无法弥补。

➤➤ 猩猩剧院
纪念彼得·富勒以及我们之间很多次有关存在之链与新达尔文主义的对话

在巴塞尔,动物园与火车站仅一尺之遥。动物园里的大部分大型鸟类能够自由飞行。因此,有可能发生这种情况:你看到一只鹳或者鸬鹚飞过铁路调度站,然后飞回动物园。猩猩屋同样出人意料。这栋房子的外形像由三个舞台组成的环形剧院:一个舞台属于大猩猩,另一个属于红毛猩猩,第三个属于黑猩猩。

你在其中一排就座——就像在希腊剧院——或者你直接走到正厅的后排,将额头紧贴着隔音的厚玻璃。隔音使得另一边的景观在某种程度上更具冲击力,就像观看哑剧。这也让猩猩能够尽可能不受游客打扰。在它们眼里,我们同样静默无声。

我一生中游览过很多动物园，或许因为去动物园是我童年记忆中罕见的幸福时刻。我父亲曾经带我去过。我们交谈不多，但我们分享着彼此的快乐。我非常清楚，他的大部分快乐来源于我。我们曾经一起观看猩猩，忘却了时间，按照他的方式，我们两人各自思索着子孙繁衍的秘密。我母亲很少和我们一起来，她不喜欢高级灵长类动物。她更喜欢新发现的大熊猫。

我曾极力劝说母亲，但她总是按照自己的逻辑回复道："我是素食主义者，为了你们这些孩子和你父亲，我放弃了，但并没有放弃素食原则。"熊是她喜欢的另一种动物。我现在明白了，猩猩让她联想到一种血脉贲张的激情。

巴塞尔的游客涵盖各个年龄阶段。从蹒跚学步的婴儿到领取退休金的老人。世界上没有任何一种景观能够吸引如此广泛的年龄段的观众。有些人就像当年我父亲和我那样，久久地坐在那里，任时光流逝。有些人走马观花。有些人如此着迷，每天必去，以至于最终能被动物表演者一眼认出来。但是，没有人——甚至最年幼的蹒跚学步者——会忘记这个引人注目的进化论之谜：为什么这些动物和我们这么相像，却不是我们？

这个问题是三个舞台上演出的戏剧的中心主题。现在，大猩猩表演的是关于屈从于囚禁的社会剧，这种囚禁是终身的。非洲黑猩猩表演卡巴莱歌舞，每一个表演者都有自己的编号。红毛猩猩是不说话的维特——神情恍惚但不乏深情。我是不是有点夸大其词？当然，因为我还不知道如何界定，什么是巴塞尔剧院的真正戏剧。

是否有可能，在剧院表演的猩猩缺乏对死亡的感知能力？也许不。但是或许在这里，同时存在着可能性与不可能性。

每一个舞台至少有一个隐蔽的休息点，动物如果希望离开舞台一小会儿，它们可以来这里休息。有时候，它们会休息很长一段时间。当动物走出来再次面对观众的时候，或许它们的表演类似往事再现。在伦敦动物园，黑猩猩假装从根本不存在的碟子与玻璃杯里取食物。一部哑剧。

对于死亡，黑猩猩和我们一样感到恐惧。荷兰动物学家哥特罗德相信，黑猩猩能够感知死亡。

在20世纪前半叶，科学家曾经尝试教黑猩猩说话——直到人们发现，它们的声线结构并不适合发出说话所必需的系列声音。后来，科学家教它们手语，在华盛顿的阿伦斯堡，黑猩猩华苏把一只鸭子称为水鸟。这是否意味着，华苏已经打破了语言障碍，或者它只是靠着死记硬背而习得了语言？自此之后，到底什么构成了动物语言引发了科学家的热烈讨论。（人的独特性处于危险之中！）

如今已知——感谢简·古道尔意义非凡的著作，她和她的猩猩们住在坦桑尼亚的荒野中——这些动物使用工具、语言或非语言，它们之间的沟通交流范围非常广泛，沟通技能精细复杂。

在美国，道格拉斯·吉兰用一只名叫萨拉的猩猩展开了一系列实验，旨在验证这种猩猩是否具有理性。与笛卡尔的观点相反，语言文字或许并非衡量理性时不可或缺的标准。实验者首先给萨拉看了一段视频，视频中的受训者被反锁在笼子里，流露出绝望的神情，渴望爬出去。看完视频后，实验者递给萨拉一系列实物图片让它选择。比如，一张图片是一根燃烧的火柴。然而，它选择了有钥匙的图片——一旦它陷入视频中的那种困境，这是唯一一个可以派上用场的实物。

在巴塞尔,我们正在观看一个奇怪的剧院。在这个剧院里,玻璃两边的表演者或许都有理由相信,自己才是观众。玻璃两边上演的戏剧开场类似,既展示人与动物的相似性,又展示了这种相似性与亲近所带来的令人不安的关系。

进化论思想历史悠久。猎人们相信,从某种神秘的角度来看,动物——尤其是他们追捕的猎物——是他们的兄弟。亚里士多德论辩说,自然界的万物形成了一个系列,一条存在之链,最初,物种结构非常简单,接着,它们发展得越来越复杂,最终趋向完美。在拉丁语中,**进化**的意思是发展。

一群来自当地机构的残障人士走进了剧院。有些人需要搀扶着才能走上看台,有的能够自己走上去,有一两个需要坐轮椅。他们是一群与众不同的观众,或者说,他们是一群具有与众不同反应能力的观众。相较而言,他们的困惑与惊讶会少一些,但会更开心。他们像孩子吗?并不完全是。他们困惑少一些,因为他们更加清楚什么是与众不同。或者换言之,他们头脑中框定的正常范围更广泛。

《物种起源》一书初版于1859年。该书新颖独特之处在于，作者达尔文提出，所有的动物物种起源于同一个原型，漫长的进化过程借由自然选择青睐的某些偶然变异而得以完成。自然选择遵循适者生存原则。其中涉及一系列偶然性。没有设计，没有目的，没有经验可以借鉴。（达尔文不赞同拉马克的观点，即可以通过遗传而获得祖先习得的特性。）看似令人信服的达尔文理论赖以存在的前提条件更加令人惊讶：进化过程所耗费的时间是大约五亿年。

在19世纪之前，人们普遍认为，即便不是每个人都认为，世界只存在了几千年而已，完全可以用人类子子孙孙的时间跨度予以衡量（好比《创世记》的第5章）。但是，查尔斯·赖尔爵士在1803年出版的《地质学原理》一书中指出，地球"既无初始的迹象，也无终结的征兆"，它已经存在了百万年，甚至几千万年。

这是令人恐惧的无限的历史创造过程，达尔文主义恰恰是对这一新观点的回应。我认为，达尔文主义令人伤感之处在于——因为没有其他哪一次科学革命像达尔文主义那样几乎没有带来任何希望——它所涉及的如此漫长的时间跨度容易令人产生一种荒凉感。

《人类的由来》一书出版于1871年。该书结尾的一句话集中体现了伤感与荒凉感："然而我认为，我们必须承认，人类拥有一切高贵的品质，但仍然残留着自身卑贱起源无法磨灭的印记。"

"无法磨灭的印记"，这个表述含义深刻。"无法磨灭"的意思是（非常不幸）无法洗脱。"印记"的意思是"标记，痕迹，烙印"。在19世纪，与撒切尔时期的英国一样，"卑贱"意味着羞耻。

新的开放的宇宙时空观带来的是一种渺小与谦卑感，从中能获得的最好的补偿是追求知识的勇气与毫不妥协的精神。那个时代思想者的勇气是多么可嘉啊！

为了保持舞台干净，不管什么时候，只要表演者不是婴儿，当它们需要大小便的时候，它们就会站起来，来到剧院楼厅或平台的尽头，下楼去解决。这是我们习以为常的行为，很少在舞台上演。由此产生的效果令人吃惊。观众观看时不屑一顾。一个完全正当的行为。我们不能随地大小便。过不了多久，我们将会进入另一个世纪。

19世纪，大部分思想家的思维范式是机械式的，因为他们生活在一个机械的世纪。他们使用链条、分支、线条、比较解剖学、发条装置、网格等术语进行思考。他们了解力、阻力、速度、竞争。他们因此在物质世界，在工具制造与生产等领域都获得了许多新发现。但他们对大脑的运作方式了解甚少，直到现在，我们仍然知之不多。我无法把这个问题抛诸脑后，它存在于我们正在观看的戏剧中。

猩猩并不像猫那样，完全生活在自身的本能需求与冲动之中。（这或许和野生动物不同，但在舞台上的表现的确如此。）它们有一种强烈的好奇心。所有动物都喜爱玩耍嬉戏，但是有些动物只沉浸在自己的世界，玩本色表演，而猩猩喜欢尝试。它们被一种强烈的好奇心折磨。它们会短暂地忘记自己的需求，或者任何单一不变的角色。一只年轻的雌猩猩会假装成一位妈妈，抱着从某位妈妈手里接过来的婴儿。动物学家称之为"临时保姆"。过于强烈的好奇心以及探索精神（每一只动物都知道寻找，但只有猩猩具有探索能力）让猩猩在两个方面明显地遭受痛苦——或许在其他方面也有痛苦，只是没有这样明显。被短暂遗忘的身体突然开始难受、刺痛、瘙痒。它们的皮肤开始让自己无法忍受，像马拉遭受湿疹之苦那样。

同时，因为无所事事，它们也觉得无聊乏味。波德莱尔的《它叫"无聊"！》。但没有达到自我怀疑的程度。不过，无论如何，它能够感受痛苦与冷漠。无聊看起来或许与单纯的困倦类似。但在《它叫"无聊"！》中是一种明显的倦怠无力。它的身体无法放松，只能蜷缩着，眼睛痛苦地凝视着，眼神迷离空洞，因为长期触碰不到新鲜事物以及无事可做，它的双手变得麻木，就像溺水的动物戴着的那双手套一样。

达尔文写道："如果可以证明任何一个复杂器官的形成并不需要经历无数次连续的细微变化，那么我的理论将绝对无法成立。"

如果说猩猩在某种程度上是它们自身的受害者——像人一样，它们因为不受身体本能欲望的控制而付出了代价——那么，它们已经得到了补偿，这一点欧洲人却已忘记了。我妈妈过去常说，猩猩在找虱子的时候，发现一只就会马上放进嘴里，并用牙齿去咬。但实际情况比妈妈想象的更复杂——

我那时就是这样猜想的。猩猩们往往几个小时围坐在一起，彼此抚摸、拥抱、挠痒痒（根据等级社会中严格的礼仪规则），抓寄生虫不仅是出于卫生考虑，还可以达到愉悦自己的目的。这种所谓的动物"梳理"是安抚躁动身体的主要方式。

这只猩猩正在用小巧的手指抠耳朵。现在它停了下来，仔细查看自己的小指甲。它的动作看起来既陌生又熟悉。（当然，任何戏剧舞台上的表演都给人这样的感觉。）一只猩猩正在铺床。它把手里抱着的稻草放到地上，突然，它停了下来，仿佛听到了塞壬女妖的歌声。猩猩们的功能性动作看起来很熟悉，它们的表意性动作也如此。比如，那些表达惊讶、开心、温顺、恼火、喜悦、冷漠、欲望、恐惧等的动作。

但它们的行为方式还是与众不同。一只雄性大猩猩正悠闲地坐着，胳膊笔直地举过头顶。这个动作对它而言表示悠闲自得，和人们盘着腿席地而坐一样。但是，在树枝间荡来荡去所习得的能力——动物学家称之为臂力摆荡——将猩猩与人类区分开来。人猿泰山只在藤蔓间荡来荡去——它从来不会把悬挂的手臂当脚使，也不会侧着身子走路。

然而，在进化过程中，这种差异实际上是一个连接点。猴子用四肢在树梢间移动，尾巴悬挂在树上。然而，人和猩猩的共同祖先开始使用手臂——它们开始成为*臂行者*。从理论上说，这让它们能够摘到树梢上的果子！

我肯定是在大约两岁的时候得到了一个毛绒玩具。是一只猴子。事实上，是一只猩猩。我记得给它起名"杰克"。为了确认此事，我不得不问我妈妈。她应该记得。但我妈妈已不在人世。有可能——亿分之一的可能性（就如同自然选择所青睐的某一次偶然变异的概率一样）——某个读者可以告诉我，因为六十年前我们家住在东伦敦的海尔姆公园，那时家里来过访客，我也曾向每一个路过我家门口的人炫耀过我的毛绒玩具。我记得它的名字是杰克。

逐渐地，经过自然选择而保留下来的悬挂姿势改变了臂行者躯干的解剖结构。它们最终成为半直立行走的动物——尽管还不是像人类那样的直立行走的动物。正是得益于悬挂在树上的姿势，我们才获得了把手臂与胸腔隔离开的锁骨，我们的手得以向后翻，手腕得以向侧转，也拥有了让手臂旋转的肩胛骨。

正是得益于悬挂在树上，其中一个演员才能扑进妈妈的怀里哭泣。臂力摆荡让我们拥有了承受得起捶打的坚实胸脯，可以拥抱彼此的胸部。没有其他动物能做到这些。

当达尔文观察哺乳动物的眼睛时，他承认自己冒了一身冷汗。动物眼睛结构的复杂很难在他的理论框架里得到令人信服的解释，因为它是进化过程中无数"偶然"叠加的产物。启动眼睛的功能需要所有组成部位的相互协调与配合：泪腺、眼睑、角膜、眼球、视网膜、数以百万个感光视杆细胞与视锥细胞，这些细胞每秒传递给大脑数以百万的电脉冲。在眼睛形成之前，这些单独的器官没有任何用处，为什么它们能同时被自然选择？眼睛的形成对进化论发出了挑战，因为它暗示着，进化带有某种目的与意图。

最终，达尔文利用单细胞有机体身上的感光点对这个问题进行了解释。他宣称，这很可能是第一双眼睛，我们如今复杂精细的眼睛由它进化而来。

我总觉得，最老的那只大猩猩或许是瞎子。正如贝克特笔下的勃卓。饲养员是一个浅色头发的年轻女人。我问她:"这只猩猩是否是瞎子?"她回答说:"是的,几乎瞎了。"我问:"它多大年纪了?"她认真地看着我,回答道:"和你年纪相仿,六十出头吧。"

最近,分子生物学家指出,我们与猩猩的DNA相似度高达99%。人与大猩猩,或者黑猩猩的基因编码仅有1%的差别。在婆罗洲,猩猩的意思是"森林之子",相较于黑猩猩与大猩猩,它和人的差别更加大一些。为了强调1%是一个多么微乎其微的数字,我们选取其他动物物种来做比较,一只狗和一只浣熊的基因差异是12%。人与猩猩的基因相似度——除了让我们的戏剧变得可能——强烈地暗示着,他们的共同祖先可能存在于400万年前,并非新达尔文主义古生物家相信的那样,存在于2000万年前。这个分子生物学证据引起了争议,因为迄今为止还没有发现相关化石证据支持这一观点。但在我看来,进化论同样缺乏化石证据。

在盎格鲁-撒克逊世界,神创论者从字面意义理解创世故事并把它奉为真理,他们如今越来越坚定地认为,学校应该同时教授创世故事和新达尔文主义理论。神创论者认为,上帝在5000年前一劳永逸地创造了猩猩现有的模样。新达尔文主义者则认为，猩猩现有的模样是在永无止境的生存斗争中始终保持强大竞争力的结果。

雌猩猩的眼睛和我的眼睛的运作方式一模一样——依靠每一个视网膜及其1.3亿视杆细胞和视锥细胞的协同运作。但是它的表情是我见过的最古老的表情。靠近它后果自负，因为你可能会陷入某种衰老的大旋涡。琼·摩尔的照片里仍然有这跃入的一幕。

17世纪的德国医学博士安杰勒斯·西勒休斯在斯特拉斯堡从事研究，这里离巴塞尔不远，位于莱茵河上游。他曾经写道：

任何人只要在永恒里停留一天以上，他就会和上帝一样老。

我看着这只雌猩猩。它的眼睑如此苍白，以至于当它闭上眼睛时，眼睑像眼罩一样耷拉下来，令我疑惑不已。

有一些新达尔文主义观点非常有趣，比如，博尔克的性早熟理论。博尔克的理论提出，从身体发展阶段来看，人类停留在灵长类动物的胎儿阶段，但他的性功能已成熟，已具有生育能力。一个基因编码可以抑制一种生长，同时刺激另一种生长。这一点已在人类身上显现，而人类是一只新生的猩猩。生长过程尚未结束，因此，人类还有更多学习机会。

也有观点称，现在的猿或许是某个原始人类的后代。在猿身上，阻碍性早熟的因素已被清除，它们因此不再停留在胎儿阶段，体毛再次生长，生下来时头盖骨坚硬。这让它们比现在的我们还像现代人。

然而通常而言，新达尔文主义者与神创论者在争辩时使用的概念框架缺乏想象力，想象力的匮乏程度与他们执着于寻找的无限发展理论之间形成令人无法忍受的对比。他们就像两群七岁大的孩子，在阁楼上发现了一捆情书，然后利用想象编造信件背后的故事。两群人都富有独创性，为了各自的观点激烈地争吵，但是他们都无法理解情书中饱满的激情。

或许，客观而言，唯有诗歌才能谈论出生和起源的问题，我认为这一说法非常正确。真正的诗歌激活了语言的全部内涵（诗歌中的每一个词都包含言外之意），而追溯人类起源将涉及所有生命形式与所有存在形式。

猩猩妈妈回来了，这一次带着它的孩子。它靠着玻璃笔直地坐着。孩子们走上前，近距离观察它。突然，我想起了意大利画家科西莫·图拉的作品《圣母子》。我并没有因为多愁善感而混淆了这两件事。我没有忘记自己正在谈论的是猩猩，也没有忘记自己正在观看戏剧表演。一个人越强调百万年的悠久进化历程，他眼里的表意性动作的意义就变得越不同寻常。胳膊、手指、眼睛，经常是眼睛……某种保护性的方式、某种温顺的感觉已经持续500万年了。

如果一个物种不知道如何保护幼儿，它将无法繁衍，这就是答案。这一点无可争议。但是这个答案无法解释剧院里发生的这一幕。

我曾发出疑问：什么是剧院？它的神秘之处是什么？它的本质是什么？这和时间有关。相比于其他艺术形式，戏剧具体有形，它把过去呈现在我们眼前。绘画准确地呈现了过去，但它们就像无法移动的痕迹或脚印。戏剧表演则将曾经发生的故事搬上舞台,使之复活。每一次,我们都在赴同一个约会:与再也无法东山再起的麦克白约会;与必须履行职责的安提戈涅约会。每晚在剧院里,死于3000年前的安提戈涅对我们说:"我们用来取悦活人的时间非常短暂,但用来取悦死者的时间则是永恒的。"

剧院依赖两种物理时间的共存——表演时间与戏剧时间。如果你正在读一本小说,你离开了现在的时间维度;在剧院,你永远不会离开现在。过去以唯一可能发生的方式变成现在。这一独特的方式只可能发生在剧院。

一如所有偏执者,神创论者的狂热来自排斥——排斥得越多,他们内心的正义感就越强烈。新达尔文主义者陷入自己的理论体系无法自拔,因此无法容忍爱创造一切的观点。(他们的理论诞生于19世纪,也是孤儿数量最多的世纪。)

巴塞尔的猩猩剧院及其两种物理时间暗示着另一种观点的存在。在某种程度上,正如进化论者所猜想的,进化过程在时间中不断延展,已经延伸到几亿年前。在时间之外,上帝仍然在(一般现在时地)创造着宇宙。

在离开斯特拉斯堡回到克拉科夫后,西勒休斯写道:"上帝仍在创造着世界。你会不会觉得很奇怪?你必须承认,在上帝那里,既没有之前,也没有以后,只有此时此地。"

永恒维度怎样才能与时间维度融合?猩猩正在问我这个问题。

我们可以将时间视为一个由永恒所吸引而形成的场域吗?我不是科学家。(正如我所说的,我看见真正的科学家在微笑!)

哪一个是他们?

他们站在那边的梯子上,正在寻找着什么。他们现在下来了,鞠了一躬……

正如我所言,我不是科学家,但我有这种印象:在对要么无限大要么无限小的时间与空间进行解释时(一套完整的人类基因包含60亿基数;基数是基因单位或者基因符号),现在的科学家致力于打破时空限制,寻找能够将所有事物串接在一起的另一个维度,面对诸多未解的自然之谜,他们越来越借助于大脑模式或思维模式来解释宇宙。

"难道上帝也无法发现自己正在寻找的事物吗?"针对这个问题,西勒休斯做出了以下回答:"他在永恒维度里寻找着在时间维度里失去的一切。"

猩猩妈妈把孩子的头搂在自己怀里。

出生意味着开始学会分离。分离令人难以置信，或者说难以接受。然而，一旦接受了，我们的想象力便开始快速发展——想象力是重建联结的能力，是将分散的事物聚集在一起的能力。隐喻发现了万物同一的痕迹。团结、同情、自我牺牲、慷慨，这些都是在努力恢复——或者说，至少是拒绝遗忘——曾经存在的统一体。生命带来死亡，而死亡是最令人难以接受的分离。

你在玩文字游戏！

谁说的？

杰克！

创造意味着分离。任何依附于创造者的东西都是半成品。创造是接受某个之前不存在的事物，因而是崭新的。新事物是孤独的，因而不可避免地会痛苦。

一只雄猩猩突然发怒了。装腔作势的表演。它把所有能够捡起来的东西全部扔掉。它努力拉倒道具树。它像圣殿中的大力士参孙。但又不像参孙，在对笼子的等级排序中，它的排位并不是太靠前。

它的愤怒给其他演员留下了深刻印象。

我们被迫接受：像其他任何事物一样，我们是被创造出来的。只有我们的灵魂，当它得到鼓励，会记住我们的原初，而无须语言表述。

埃卡特是西勒休斯的老师，他住在科隆，一个离斯特拉斯堡更远，更加靠近莱茵河下游的地方。他在13世纪写道："当动物们呼喊上帝的时候，上帝便成为上帝。"

这些话是不是隔音玻璃后面正在上演的戏剧所表达的内容？无论如何，我找不到更好的解释。

1990年

➵ 白色的鸟

有时，有些大学——大部分是美国大学——邀请我做关于美学的讲座。有一次，我原本打算接受邀请，并带上一只用白色木头做成的鸟。但是最终我决定不去了。问题是，我无法做到在传授美学概念时不涉及希望的原则和邪恶的存在。在法国上萨瓦省的部分地区，农民们在漫长的冬季常常做木头鸟来消磨时光，做好后挂在厨房，有时也挂在小教堂。喜爱周游世界的朋友们告诉我，在捷克斯洛伐克、苏联、波罗的海沿岸的某些国家和地方，他们看见过按照相同原理制作出来的鸟。这种传统或许比我们当初猜想的更加源远流长。

这种鸟的制作原理非常简单，尽管做一只精致的鸟需要精湛的技巧。取来两条松木，长约6英寸，高与宽的尺寸相同，都接近1英寸。第一步是把木头浸泡在水中，让它的柔韧度达到极致，然后再进行雕刻。一块木头用来雕刻头、躯干与扇形尾巴，另一块用来雕刻翅膀。如何雕刻翅膀与尾巴上的羽毛是技术含量最高的一步。首先，在用来制作翅膀的木头上雕刻出每根羽毛的轮廓。然后，将这块木头切割成薄薄的13层，轻轻地将这些薄片一层一层地掰成扇形。以此方法雕刻另一个翅膀及尾部的羽毛。最后把两块木头呈十字架结构拼接在一起，这只鸟便完工了。不需要黏合剂，只需一颗钉子将两块木头钉在一起。这种鸟非常轻，重量约2—3盎司。通常，人们把鸟悬挂在壁炉架上方或房梁上，这样它能随着气流摆动。

如果把其中一只鸟与梵高的自画像或荷兰画家伦勃朗的受难图相提并论，显然会被认为荒诞不经。它们只是按照传统方式制作的简单的家庭制品。然而，人们正是在它们的简单结构中总结出那些让每一个观看者感到愉悦又神秘的特征。

第一，这是一种形象的再现——一个人正看着一只悬在半空的鸟，更准确地说，一只鸽子。这不可避免地会让人想到自然世界。第二，主体的选择（一只飞翔的鸟）以及安置它的背景（鸟不太可能生活在室内空间）都增加了该事物的象征意义。基本的象征意义与更一般的文化象征意义相互叠加。鸟，尤其是鸽子，在不同文化中被广泛地赋予了象征意义。

第三，对所使用材料的重视。雕刻会根据木头的颜色深浅、柔韧度和质地进行相应的调整。人们不禁诧异，雕刻出的鸟多么逼真。第四，形式的统一与简洁。尽管看起来非常复杂，但它的制作原理却很简单，甚至粗放。它的丰富性源自不断的重复，而重复中又蕴藏着变化。第五，这个人造物件令人惊叹不已：它到底是怎样做出来的？我在上文已简略介绍了它的制作过程。任何不熟悉这门手艺的人都想把这只鸽子拿在手里细细端详，试图发现隐藏在制作背后的秘密。

如果把以上五个特点不加区分地视为一个整体，一种短暂的神秘感将会油然而生。一个人正在看一块已雕刻成鸟的木头。这是一件通过神秘技巧、基于某种爱而精心制作的艺术品。

迄今为止，我一直在努力甄别，白色的鸟具有哪些能唤起美学情感的特质。(情感一词指的是心理意象及想象活动,但不知为什么,这个词令人困惑,因为我们正在研究的情感与我们所经历的其他情感毫无关联,而这显然是因为,此时此地的自我处于一种更大程度的停顿状态。)然而,我给出的定义引出了一个基本问题。这些定义将美学还原为艺术,但并没有揭示艺术与自然、艺术与世界的关系。

驻足一座山前,夕阳西下的沙漠,或一棵果树前,你的内心将油然而生一种美学情感。因此,我们被迫重新开始——这一次的起始点不再是一件人造物件,而是我们生于其中的自然。

都市生活总是倾向于产生多愁善感的自然观。自然被想象为一座花园,或窗外的一片风景,或一个自由的舞台。农夫、水手与游牧民族对自然了解得更清楚。自然是一种能量与斗争,是不按常理出牌的存在。如果可以将它想象为一个舞台、一片风景,那么也可以将它想象为既容纳善良又藏污纳垢的地方。它的能量冷酷无情,令人敬畏。生活的必需品首先是庇护,避免来自大自然的危险。最重要的祈祷是祈祷得到保护。生命的第一个迹象是痛苦。如果说,上帝带着某种目的创造了世界,那么他的目的是隐晦的,只能通过符号系统隐隐地领悟,永远也无法在业已发生的一切事件中找到显而易见的痕迹。

正是在这种荒凉的自然语境中邂逅了美好,这种遇见在本质上是出乎意料且不可预测的。大风倏然刮起,灰色的海面变成蓝绿色。巨石雪崩式地滚落下来,乱石堆下一朵鲜花悄然绽放。一轮明月在一片棚户区上空冉冉升起。上述戏剧性的例子旨在说明荒凉的语境。日常生活中这样的例子比比皆是。无论以何种方式邂逅,美好总是一个例外,总是**不期而遇**。这也是为什么它能感动我们。

我们被美好的自然感动是源于它们的功能性,这一观点值得商榷。鲜花预示着肥沃;落日让人想起火焰与温暖;月光让夜色朦胧,不再漆黑一片;鸟儿鲜艳的羽毛是一种性刺激(从返祖的意义上来说,我们人类也是这样)。但是,我认为上述观点过于简单。白雪没有功能性,一只蝴蝶并不能给我们带来什么。

当然,一个社区的生活方式、经济体制及其周边的地形地貌都影响着它对美好自然的感受力。因纽特人所发现的美肯定不同于非洲西部阿散蒂地区的人所发现的美。在现代阶级社会，人们对美的感受同样受到复杂的意识形态的影响。比如，我们知道，18世纪英国统治阶级不喜欢大海和海景。同样，美学的社会功能也随着不同历史时期而改变：一座山的轮廓可以代表死者的归宿，也可以挑战生者的主动性。人类学、宗教比较研究、政治经济和马克思主义都对这一点做了明确说明。

然而，某些美被所有的文化形态认可和接受，这种美具有永恒性与普适性，包括某些鲜花、树木、岩石的形状、鸟、动物、月亮、流水……

我们不得不承认，一定存在某些巧合或某种一致。自然的进化与人类感知能力的进化同步，由此可能会产生一种认知：自然存在物与我们所见之物（看见等同于感知）有时候会在某个点重合并彼此肯定。这个点，这个巧合具有双面性：所见之物被观看者认可和肯定，与此同时，观看者被所见之物肯定。有那么一瞬间，观看者猛然发现自己如同《创世记》第1章中的上帝，却没有造物主的自负……他看到这是美好的。我认为，在自然面前所感受到的美好源自这种双重肯定。

然而，我们并没有生活在《创世记》第1章所描述的世界里。我们生活在——如果遵循《圣经》故事的发展顺序——亚当与夏娃堕落之后。无论如何,我们住在一个充满痛苦的世界,一个邪恶肆虐的世界,一个我们的存在无法得到认可的世界,一个必须予以抵制的世界。但是,美感给予我们希望。单一个体的生命轨迹曾让我们相信,我们形单影只,我们与自然疏远。当我们认为一块水晶或一朵罂粟花很美时,这意味着,我们其实并不那么孤独,我们深深地融入了自然。我尽可能准确地描述正在讨论的经历,我的出发点是现象学,而不是演绎推理;就我个人感受而言,美的形式成为一种可以接收却无法破解的信息,因为美所包含的一切转瞬即逝。在一瞬间,一个人的感知力与自然的创造力重叠在一起,密不可分。

人造物件带给我们的美感——比如我在开篇提到的白色的鸟——是自然美的衍生物。人造物白鸟试图对一只真鸟的信息进行转译。努力将转瞬即逝的现象定格为永恒的现象,这是所有艺术语言的发展之源。在艺术范畴中,美并非秩序的例外——尽管无须加以区别——而是它的基础。

几年前,在思考艺术的历史维度时,我写道:

我对一个作品的评价依据是，它是否帮助现代社会中的人们维护社会权利。我一直坚持这一原则。艺术的另一个超验维度则引发了关于人的存在论权利的问题。

艺术是自然的镜子，这个观点仅仅出现在怀疑主义时期。艺术并非模仿自然，它模仿一种创造力，有时是为了呈现一个不同的世界，有时仅仅是为了放大和肯定自然所赋予的短暂希望，并将这种希望推向社会。艺术是对我们所看见的自然事物进行井然有序的再加工。艺术致力于把可能的认可变成持续的认可。艺术赞美人，为的是得到一个更确定的回答……艺术的超验维度总是表现为一种祈祷形式。

厨房里的炉子热气腾腾，热气吹动着这只白色的木头鸟，邻居们正在厨房里喝着酒。室外温度是-25℃，自然界里的鸟快要冻死了。

1985年

↣ **食物与用餐者**

人们热衷于谈论"消费社会",仿佛它是一个新的社会现象。消费社会是至少始于一百年前经济与技术发展的逻辑产物。消费主义是19世纪资本主义文化的内在特征。它满足了社会文化与经济的需求。吃是最直接、最基本的消费形式,研究吃就能够清晰地了解这种需求的本质。

资产阶级如何获取自己的食物?如果我们能对其具体获取方法予以厘清和界定,我们就能在它更广为传布的时候识别它。

因为民族与历史差异性,这个问题变得更加错综复杂。法国资产阶级对食物的态度与英国不一样。一个德国市长的就餐态度与一个希腊市长不同。罗马的流行宴会与哥本哈根的也会有细微差异。在当今社会,英国作家安东尼·特罗洛普与法国作家巴尔扎克作品中所描述的诸多就餐礼仪和习俗早已不复存在。

无论如何,如果把资产阶级的饮食方式与同一地理区域不同阶级的人(比如农民)进行比较,那么我们可以得到一个更加全面的观点与概括。相较而言,工人阶级的饮食习惯受传统影响最小,因为他们最容易受到经济波动的影响与冲击。

从世界范围来看,资产阶级与农民阶级的区别与资源丰沛与匮乏的鲜明对比有着密切关系。这个对比等同于一场战争。但是,就目前的研究目的而言,资产阶级与工人阶级的区别不是过度饮食与饥饿的区别,而是两种传统的饮食观念、饮食意义与饮食行为的区别。

在本文开端,有必要指出资产阶级观点所内含的矛盾与冲突。一方面,饮食在资产阶级生活中具有固定意义和象征性意义。另一方面,资产阶级认为饮食话题无聊琐碎,不值一提。比如,本文在本质上不可能严肃,如果自以为严肃,那么就是过于自命不凡。烹饪书是畅销书,大部分报纸有饮食专栏。但饮食讨论被当作一种点缀，并且目标受众以女性为主。资产阶级不会把饮食当作基本行为。

正餐。对农民而言，正午这一餐才是正餐。对资产阶级而言，正餐通常在晚上。这样做的根本原因显而易见，无须赘述。农民把正餐定在正午，恰恰是一天劳动的中间时段，位于一天的"胃部"。资产阶级的正餐安排在一天工作之后，在白天与黑夜的转折点，接近一天的"头部"位置（假如这一天以双脚站立开始），接近梦境。

在农民的餐桌上，餐具、食物与饮食者的关系非常密切，餐具的使用与处理方式都被赋予某种价值。每个人从口袋里掏出自己的餐刀，刀早已破旧，但仍然锋利。它不仅用于就餐，还有其他用途。无论何时，一顿饭只使用同一个碟子，在食用下一道菜之前，饮食者已用面包把碟子擦得干干净净。每个人只拿取自己的那一份食物，喝摆在自己面前的酒水。比如，他把面包拿过来，切下一片放到自己盘子里，然后放下面包，递给下一个人。吃奶酪或香肠也是同样的方式。餐具、用餐者与食物之间的密切关系被认为是自然而然的。它们之间的分工被最小化。

在资产阶级的餐桌上,每一件摆设都是单独的,无人触碰。每一道菜搭配各自的碟子和餐具。通常,碟子不是被食物擦干净的——因为吃与清洁分属两个不同的行为。每个饮食者(或仆人)端着餐盘让另一个人自己取用。一顿饭变成一系列孤立的、无人触碰的礼品展示。

对农民而言,食物代表着已完成的劳动。或许是他本人或他家庭的劳动,但如果不是,那么他本人的劳动与食物所代表的劳动便成了可直接交换的。因为食物代表着体力劳动,食用者的身体已经"了解"了自己即将享用的食物。(农民在第一次接触任何"外国"食物时,往往会非常抵触,因为他们不了解该食物的生产过程。)他不期待令人惊艳的食物——当然有时候免不了被食物的品质惊艳到。他对食物与对自己的身体一样熟悉。食物对他身体的作用与之前他的身体(劳动)对食物的作用**一脉相承**。他吃饭的地方也是准备食物与烹饪食物的地方。

对资产阶级而言,他自己的劳动或行为不能直接与食物互换。(当地种植的蔬菜的品质另当别论。)食物是他购买的商品。一餐饭,即便在家里烹饪,也是现金交易所得。购买的食物被送到一个特殊的房间，比如自家餐厅或饭店。这间房没有其他功能。它有至少两扇门或两个入口。一扇门连接着自己的日常生活，他从这扇门走进去就餐。第二扇门连接着厨房，食物从这扇门送进来，餐食垃圾从此门清理出去。因此，在资产阶级的餐厅，食物从自身生产过程中抽离出来，与用餐者的日常生活所构成的"真实"世界脱节。两扇门的后面分别隐藏着秘密：一扇门的秘密是挂在厨房门后的食谱；另一扇门后是在餐桌上避讳的职业或个人秘密。

被抽象化、定格和隔离，用餐者与食物共同书写了一个孤立的时刻。这个时刻只能凭空创造它的内容。这一内容倾向于富有戏剧性色彩：用银器、玻璃、亚麻布、陶瓷等装饰的餐桌；耀眼的灯光；正式的着装；不论何时，主人们都会仔细安排的来宾就座顺序；餐桌礼仪；上菜礼仪；每一幕（每道菜）之间的餐桌变化；最后，一起离开戏剧般的餐桌，进入一个更分散与随意的场合。

对农民而言，食物代表已完成的劳动，因此也代表休息。劳动果实不仅仅是果实，还代表从劳动时间里挤出的用餐时间。他的用餐具有舒缓镇静的效果。胃口一旦得到满足，人就平和安静了。

对资产阶级而言，用餐远远不是休息，而是刺激。在用餐时，环境的戏剧色彩常常催生家庭戏剧。按照逻辑推理，典型的俄狄浦斯戏剧场景并不会在卧室上演，而是在餐桌。对资产阶级家庭而言，餐厅一如任何其他公共场合，成为聚会的地点，每天以非常正式的方式上演着家庭利益的冲突与权力斗争。理想的资产阶级戏剧具有娱乐性。"娱乐"（entertain）一词意义非凡，包含邀请客人的意思。然而，娱乐总会发展到自己的对立面：枯燥。枯燥弥漫在被隔离的餐厅。因此，饮食者有意识地凸显闲聊、机智与对话的重要性。但是，枯燥已成为资产阶级用餐的典型特征之一，犹如驱之不散的幽灵。

资产阶级容易饮食过度，尤其是食肉过度。从心理学角度来看，这一现象源自以下原因：资产阶级激烈的竞争意识促使他们通过摄取能量（蛋白质）的方式进行自我保护。（就像他的孩子们通过甜食来自我保护，使自己免于情感冷漠的伤害。）文化层面的解释同样重要。如果这顿饭的规模*蔚为壮观*，在场的所有饮食者集体参与了这一景观的构建，那么枯燥感也就被冲淡了。从根本上来说，集体构建的景观不是指烹饪，而是财富。从自然中攫取的财富仿佛一本宣告书，向人们宣告：过度生产与无止境的消费增长都是自然现象。食物的种类、品质与消耗都证实了财富的自然性。

在19世纪的英国，早餐以松鸡、羊肉与麦片粥为主，正餐包括三种肉与两种鱼，这些都是净量，从自然算术中提取的证据。如今，随着现代交通方式和冰箱的出现，日常生活节奏的加快，"服务"阶层的不同作用，奇观的建构方式也随之改变。各种来自世界各地、极具异国色彩的食物大多能在淡季获得，即便不是当季食材。中国烤鸭、鞑靼牛排、勃艮第牛肉同时摆在餐桌上。如今餐桌宣告的不再仅仅是食物种类的自然属性还有历史维度，证明了财富如何将整个世界联结在一起。

通过古罗马竞技场的大通道，罗马人在追逐"享乐"时把饮食行为与身体分离开来。资产阶级把吃的行为与身体进行切割，以至于吃首先有可能成为一种社会性奇观。吃芦笋这个动作的意义并不在于我正在快乐地吃着芦笋，而在于我们此时此刻能够吃到芦笋。对每一个用餐者而言，典型的资产阶级用餐正在展示一系列礼物。每一份礼物都将带来一份惊喜。但是每一件礼物传递着相同信息：*祝福*

这个为你提供食物的世界。

农民很清楚日常生活中的正餐与宴会或庆典的区别,资产阶级却常常将它们混淆在一起。(对资产阶级而言,我上文所写的部分内容与宴会并无二致。)对农民而言,他一生都不得不面对诸如每天吃什么、怎么吃的问题。他的生活节奏是循环的。一餐饭的循环类似四季轮回,并且与四季息息相关。他的饮食充满地方性与周期性。因此,在他的一生中,获取的食物、烹饪方式、饮食调整等标志着一年又一年循环往复的时刻。对饮食丧失了兴趣,就是对生命丧失了兴趣。但这仅仅发生在那些自身非常不幸的人身上。举办一场宴会,无论规模大小,目的都是为了庆祝循环交替中的某个特殊时刻,或是一种无法复制的独特情形。

通常,资产阶级宴会包含更丰富的社会意义,这一意义并非转瞬即逝。它与其说是一个时间节点,不如说是一种社会愿景的完成。

如果有机会参加宴会,农民必定一上桌就开始大吃大喝。这是因为,农民只有在这种场合才能享用到稀有的或品质特殊的食物。从某种意义上来说,任何宴会，即便表面看来是临时起意而举办的，也都是数年准备的结果。宴会得以成功举办是因为日常生活的节俭产生了一定的盈余。宴会既展示又消费这种盈余，这是双重庆祝——庆祝盈余得以产生的环境和盈余本身。因此，通常而言，宴会节奏缓慢，食物丰沛，宾客兴致盎然。

资产阶级的宴会是一种额外的开销。它与普通饭局的差异在于花费金额的大小。资产阶级无法真正地庆祝盈余，因为他永远不可能有资金盈余。

将两者进行比较的目的不是为了把农民生活理想化、浪漫化。从严格意义上来说，大部分农民的世界观非常**保守**。至少直到现在，农民的保守主义世界观阻碍了他们对于当今世界政治现实的理解。这些现实最初是资本主义的创造物。在某种程度上，资产阶级曾经并且仍然统治着自己所创造的世界。

通过两种饮食行为的比较，我尽量勾勒出两种食物的获取与占有模式。如果对每一个细节进行严谨的比较，我们将更清晰地了解，农民的饮食方式聚焦于吃本身以及所吃的食物：它是向心的、物质的。而资产阶级的饮食方式集中于仪式、奇观与梦幻：它是离心的、文化的。农民吃完一顿饭便心满意足，资产阶级的一顿饭永远不会结束，反而滋生了一种本质上永远无法满足的欲望。

1976年

↣ 荒 野

生活不是走过一片辽阔的荒野。
——俄罗斯谚语

一片荒野，绿油油的，草长得并不太高，上方是蔚蓝的天空。黄色已经变成了纯绿色，这是世界盆地表层的颜色。一面墙上的架子，一只布谷鸟的声音时不时从这堵墙穿透进来。架子上藏着这只鸟的快乐。对于这片荒野，我了如指掌。我正躺在荒野中，支起一只胳膊，放眼四顾，想知道我的眼光是否可以越过你停留的地方，望见更遥远的远方。而我却发现，我能看见的最远距离只是你周围的电线杆。

仍然记得听着歌曲入睡的感觉。如果够幸运，你仍将记得童年时的一切。不断重复的歌词与旋律如同一条条小路。这些小路是环形的，它们像链条一样一环扣一环。你沿着这些小路前行，从一个圆环走向另一个圆环，渐行渐远。你走过这片荒野，荒野上的小路串起一首歌。

我知道，在那片荒野，我可以听见各种声音，各种音乐。

从市中心有两条路通向我居住的卫星城：主道交通繁忙，而岔路要经过一个铁路道口。通常走岔路更快，除非你恰好遇到火车驶过，不得不在道口等候。在春天与初夏，我会毫不犹豫选择岔路，我竟然希望铁路道口会关闭。在铁轨与公路之间，有一片荒野，两边绿树环绕。荒野上的草长势旺盛，在太阳落山、夜幕降临之际，青青草地被夕阳分割成颜色深浅不一的块状——在夜晚用一盏明亮的灯照着一束欧芹，你会发现类似的情形。画眉隐身在草丛中，时而腾空飞起。它们飞来飞去，毫不理会疾驰而过的火车。

这片荒野带给我莫大的快乐。那么，为什么我没有时常来这里散步——它离我的公寓仅咫尺之遥——而是只在铁路道口关闭、我被堵在这里的时候才看上一眼？这是一个关乎偶然事件重叠的问题。荒野中所发生的一切——两只鸟互相追逐着，一片云掠过天空，田野里的绿色随之发生改变——产生了特殊的意义，因为它们恰恰发生在我不得不停下来等火车的一两分钟内。这几分钟仿佛填塞了一个时间段，而这个时间段准确无误地吻合这片荒野的空间段。时间与空间重叠了。

我正努力尝试以简洁明了的方式描述我的经历。但它属于超越语言的感知与触觉层面，因此书写它并不容易。

毫无疑问，这一经历肯定涉及心理历史维度，它可以追溯到一个人的婴儿期，可以采用心理分析理论术语对它加以解释。但这类解释只是将这种经历系统化，而缺乏总结。我相信，无论以何种形式书写，这些经历都具有共性。它很少被提及，仅仅因为它难以言表。

现在，让我努力总结这一具有理想色彩的经历吧。如何用最简单的方式描述它呢？这种经历涉及荒野。没有必要一定是同一片荒野。从某种角度观察，任何荒野都能够提供类似的经历。但是最理想、最有可能提供这种经历的荒野具有以下特点：

第一，长满草的荒野。为什么？它必须是一片边界分明的区域——尽管边界不一定非要齐整；它不可能是一块无边无垠、一眼望不到尽头的土地。然而，这块土地要尽可能杂乱无序，尽可能减少一些预设的人为干扰因素。庄稼与整齐划一的果树都不是理想状态。

第二，位于山腰的荒野，鸟瞰时像一块桌面，或者，仰望时，借着山势，你感觉这块荒野向你倾斜——就像谱架上的乐谱。再次提问：为什么？因为这样可以最大限度地减少视角干扰，使远处与近处的事物变得更加平等。

第三，除了冬季以外的其他季节的荒野。冬季了无生机，可能发生的事情将大幅减少。

第四，四周没有障碍的荒野，因此更理想的是大陆上的荒野，而不是英格兰的荒野。如果荒野四周围上篱笆，仅开几个口子，那么出口或入口数量将受到限制（除了对鸟类而言）。

上述总结暗示了两件事。很明显，一片理想的荒野首先与一幅画存在相似之处：轮廓分明的边缘，咫尺之遥的距离，等等；其次与圆形剧场存在相似之处：具有开放性，尽最大可能增加出口与入口的数量。

然而我认为，诸如此类的暗示具有误导性，因为它们让人想起一种文化语境，如果说该语境与正在谈论的经历有任何关联的话，它只能在事后回到这段经历，而不能事先假设。

既然已经构想了理想中的荒野，那么组成这种经历的其他要素是什么呢？这个问题很难回答。站在一片荒野前，除非你被其中的某件事吸引，否则你注意到它的可能性微乎其微。通常，你的注意力被发生在荒野里的某件事吸引，几乎与此同时，你对荒野的关注赋予了此事特殊意义。

一件事——既然每件事都是过程的一部分——总是引起其他事，或者更准确地说，总是导致你留意到荒野中的其他人或事。如果你留意到的第一件事本身并不具有强烈的戏剧色彩，那么它可能是任何事。

假如你看到一个人在荒野里号啕大哭，然后倒在地上，那么这件事所隐含的意义将马上打破荒野的自足性。你将跑进荒野，努力把他搀扶起来。即便无须肢体动作，任何过于戏剧性的事件都会显示出同样的弱点与缺陷。

假如你看到一棵树被雷电击中,你对这件事的解释总是会因为它的戏剧性而受到影响,导致使用的措辞比你眼前的荒野看起来更加夸张。因此,发生的第一件事的戏剧性不应该过于强烈,它可以是任何平常之事,比如:

两匹马正在食草。

一只狗在绕圈圈。

一个老妇人在寻找蘑菇。

一只老鹰在高空翱翔。

鸟儿在灌木丛中互相追逐。

小鸡在悠闲自得地走着。

两个人在交谈。

一群羊慢悠悠地从草地边缘移到中心。

一个正在呼喊的声音。

一个正在行走的孩子。

第一件事会吸引你继续观察其他事,这些事或许是第一件事的结果,或者与第一件事毫无关联,它们只是都发生在同一片荒野。通常,第一件吸引你注意力的事比接下来的其他事更引人注目。最初注意到一条狗,接着你会留意一只蝴蝶。最初注意到一匹马,接着你会听见啄木鸟的声音,然后看到它掠过荒野。最初你看到一个孩子在散步,当他独自一人安安静静地离开荒野时,你会留意到一只猫跃过墙头,溜进了荒野。

直到现在,你还在这段经历之中。这种说法隐含着叙事时间,然而这段经历的本质在于,它发生在叙事时间之外。这段经历不会进入你的生命叙事——生命叙事意味着,在你的某个意识层面上,你不停地对自己复述它,并对它进行补充发展。相反,关于这段经历的叙事被打断。一眼望去,空间开阔的荒野取代了你的时间意识。那么,这是通过何种精准机制得以实现的呢?

你讲述着你的所见所闻,同时仍然留意着荒野。荒野不仅催生了这些事,还容纳了它们。荒野的存在是这些事以这种方式发生的先决条件,也是其他事发生的先决条件。所有事件只有与其他事件发生了关联才能成为确定的事件。你能清晰界定所见之事,主要是因为它与荒野里其他事件的关联。在字面意义与象征意义层面,荒野都是其中所发生之事的*前提基础*。

你或许会抱怨,我突然改变了"事件"一词的含义。起初,我把荒野当作等待事件发生的空间;现在我把它当作事件本身。但是这种前后不一致恰恰对应了经历在本质上明显缺乏逻辑的特点。一段客观的观察经历在正中间突然断裂了,产生了一种很快就属于你自己的快乐感。

你面前这片荒野看起来和你自己的生活一样重要。

1971年

➳ 它们是最后的动物
——为贝弗利而作

它的舌头后面
属于它的草的语言
以及对盐的激情,
厚厚的舌头
竟然灵巧得
犹如盲人之手,
一头健康的牛咀嚼着
大约五十次
在重新吞咽反刍食物之前。

贝弗利
动物们看起来

在迁徙：它们的美国
犹如天空璀璨的群星
蜥蜴，狮子，巨熊
公羊，公牛，乌鸦
野兔……
或许最精明的动物
比如刺鼠
已经选择了银河。

把耳朵贴到它的一侧
你将听到
它的四只胃起伏的节奏。
它的第二只胃，像一个球网，
拥有一个星座的名字：
网罟座。它的第三只胃，
重瓣胃，就像
一页页书。

一旦它生病了
不愿意咀嚼
它的四个胃

安静得犹如冬天的蜂巢。

离开的动物在逐年增加。

留下来的只有宠物与动物尸体,
死的或者活的动物尸体
自打出生的一刻起
不可避免地,无声无息地
已变成一块肉。
"我相信,这完全有可能,"
鲍勃·拉斯特说道,
他来自爱荷华州立大学,
"一只动物的专门用途
是用来做汉堡包。"

在另一些地方
穷人家的动物
与穷人一样
因为缺乏蛋白质而死去。

从牧场运来的时候
它们给阴凉的马厩带来

果园的炎热
以及野大蒜的刺鼻气味。

为了清扫牛棚
撒一点点
母马粪便
吸干它们的排泄物
如春色般温润
混杂着未消化的青草。
今晚把它们拴好
用山毛榉叶子给它们铺床
贝弗利
它们是最后一批动物。

既然它们已经离去
我们唯有怀念它们的忍耐力。
与树不同
与河流或云朵不同
动物有眼睛
它们的眼神流露出永恒。

这是同一只狐狸,永远,永远。

杀死它
无异于把它拖拽出
短暂地
从它永恒的
土地上。

苍蝇与乌鸦
在吞噬绵羊尸体的时候
往往从眼睛开始。
然而母羊
早已经产下小羊羔
它的永恒。

秃鹰盘旋着
等候着它的永恒时刻
一次又一次
像大山那样。

黑夜过去
迎来晨曦
机警的动物
扫视着四周。

曾经动物们像它们的奶水那样绵绵不绝。

既然它们已经离去
我们唯有怀念它们的忍耐力。

* * *

"繁殖能力旺盛的母猪,"据说,
"应该被认为、被当作
一台价值不菲的机器
它的功能在于
源源不断地生出小猪仔。"

* * *

有时候仍然会,
当你从白色水壶
倒出牛奶,
让我想起白鹅
它们像狗那样
守护着我的房子。

2001年

↠ 恩斯特·菲舍尔：哲学家与死亡

这是他生命中的最后时光。当然,直到那天晚上差不多十点我们才知道这种情况。我们三个人陪了他一天:卢(他的妻子)、安雅和我。目前,我只能讲述自己当时的经历。如果我叙述他们的经历——尽管当时以及后来我对他们的情况了如指掌——那么我就有撰写小说的嫌疑。

恩斯特·菲舍尔习惯在每年夏天去施第里尔的一个小村庄度假。他和卢住的那栋房子属于三姐妹。他们是多年的老朋友,在20世纪30年代,三姐妹与菲舍尔及其两兄弟都是奥地利共产党人。三姐妹中最小的妹妹经营着这栋房子,她曾被纳粹以藏匿和资助政治逃亡犯的罪名关押入狱。与她恋爱的男人因为类似的政治罪名而被处以死刑。

为了消除误解,有必要事先对房子周边花园的情况进行简要说明。花园里鲜花盛开,矗立着参天大树,有一个草堤和一块草地。一条小溪潺潺流过一根直径水桶大小的木头管子。小溪流到花园尽头,穿过田野流到邻居家的小型发电机旁。叮叮咚咚的水流声绵绵不绝,响彻整个花园。花园里修建了两个小喷泉:水从木头酒桶上的小孔嘶嘶地喷涌而出;泳池修建于19世纪(由三姐妹的祖父修建),池子里的水日夜循环流动;如今,泳池四周绿草茵茵,鲑鱼在池子里游来游去,时不时跃出水面。

施第里尔经常下雨。住在这栋房子里,你有时候不免产生错觉:即便雨已停了,花园里的水流声会让你以为仍在下雨。然而,花园路面并不湿滑,花园里盛开着五颜六色的鲜花,不再是单调的绿色。花园是一个庇护所。正如我所言,充分理解花园的意义必须记住这一段历史:三十年前,在三姐妹的保护下,一群人曾经为了躲避政治迫害而躲藏在这里,如今为了生计,她们在夏天会腾出几间房子租给老朋友暂住。

那天早上我到达时,恩斯特正在花园里散步。

他瘦削挺拔，步履轻盈。他走过你身边时，感觉他像一阵风飘过。恩斯特戴着一顶灰白色宽边帽子，这是卢最近买给他的。帽子的风格与他的穿戴风格一致：轻盈而优雅，但并非刻意为之。他非常挑剔——并非挑剔穿戴细节，而是外表的总体特征。

打开或关闭通向花园的那扇门并非易事，但恩斯特掌握了其中的技巧。那天一如往常，他走在我后面，然后把门闩上。头一天，卢感觉不太舒服，因此我询问她的健康状况。恩斯特说："好一些了，你看看她就行了。"他说这话的时候带着年轻人无拘无束的喜悦口吻。他七十三岁了。在恩斯特临死之际，这位并不认识他的医生说，他外表看起来比一般人显得更加苍老，但他完全没有老年人的木讷的表情。他充分享受着当下的快乐，他的享受能力并没有因为政治上的失意而减弱，也没有受到自1968年以来各地传来的坏消息的负面影响。你在他脸上察觉不到一丝痛苦的痕迹。有些人或许因此断定他一定过于天真，我并不赞同他们的观点。他并不愿意放弃或削弱自己崇高而坚定的信仰，相反，他重新调整信仰目标及其相关秩序。恩斯特最近开始相信怀疑论，他甚至相信传播末世论的必要性，因为它将某种警示传递给人类。

正是恩斯特明确而强大的信仰,让大家觉得他的死亡出乎意料。恩斯特自儿时起就体弱多病。最近,他的视力开始下降,只能借助功能强大的放大镜阅读——很多时候是卢读给他听。然而,即便如此,任何认识他的人都无法相信,他正在逐渐走向死亡,他曾经对生活的强烈归属感正在逐年减弱。但恩斯特仍然充满活力,因为他深信不疑。

恩斯特深信什么呢?这个问题的答案在他的著作、他的政治经历、他的演讲中都有迹可循。但是,能不能充分回答这个问题呢?恩斯特坚信,资本主义最终要么摧毁人类,要么被摧毁。他正确地认识到世界各地统治阶级的冷酷无情。他意识到,我们缺乏社会主义模式。中国正在发生的一切给他留下深刻的印象,他因此对社会主义产生了浓厚兴趣。但他不相信这种模式。他说,最棘手的问题在于,我们被迫退回去、回到过去寻找美好愿景。

我们朝着花园尽头走去,那里有一小块草地,四周环绕着灌木丛与柳树。恩斯特过去常常坐在这里侃侃而谈。他的肢体语言生动丰富,手指跷起,双手时而摊开,时而收拢——好像正在从听众眼睛里抽取羊毛线,然后把它们缠起来。交谈时,他的双肩配合着双手向前倾;倾听时,他的头略微靠前,紧跟着说话者说话的节奏。(他知道,帆布躺椅的后背调整到哪一个角度最合适。)

现在,帆布躺椅已经折叠起来,放在最外面的房子里。还是那一块草地,但它现在看起来空空荡荡、冷冷清清,给人一种难以忍受的压抑感。比起掀开床单一遍一遍地看他的脸,若无其事地走过这片草地要艰难得多。俄罗斯人认为,死者的灵魂会在熟悉的地方停留四十天。或许,这种说法源自对舞台哀悼剧非常准确的观察。无论如何,我相信,哪怕一个陌生人此刻信步走入花园,他也不会对花园尽头那一片空荡荡的灌木丛与柳树林视而不见,因为它们看起来就好比一座被遗弃后正在变成废墟的房子。显而易见,花园空落落的。然而,事情并非如此。

已经开始下雨了,所以我们在午饭之前去他房间里坐了一会儿。我们四个人过去常常坐在一个小圆桌旁聊天儿。有时,我倚窗而坐,凝视着窗外小山上那一片树林。一天早上,我告诉大家,一旦窗户安装了带防蚊纱窗的边框,窗外似乎就变成了二维世界,非常安静。我们过于倚重空间,我继续说——或许波斯挂毯比任何绘画看起来更加自然。恩斯特说:"我们打算把山推平,把树砍掉,然后为你挂起挂毯。"正说着,卢问:"你的另一条裤子。我们出门时你为什么不穿那一条呢?"他换裤子时,我们继续聊天儿。"现在看起来是不是好一点了?"他边问边看着自己刚刚换上的裤子,脸上带着嘲讽的微笑。我回答:"非常优雅,但它还是之前那条裤子,没有变呀。"这句话逗笑了他。他觉得可笑是因为第一,这句话突出了他换裤子只是为了取悦卢的初衷,不过这之于他已是足够充分的理由。可笑的第二个原因是,一个无足轻重的差异被视而不见;第三个原因是,一个小笑话浓缩着对现状的无声抗议。

伊特鲁里亚人把死者埋在地下室,在室内墙上画上死者生前熟悉的快乐场景与日常生活细节。为了画画时看得清楚,他们在地下室的顶部凿出一个小洞,然后利用镜子把太阳光反射到正在绘制的特定图像上。我尽量用语言来装饰他生命中最后的时光,就像装饰一个坟墓。

我们计划去山顶的廉价小旅馆吃午饭。此行的主要目的是考察这个位于森林深处的旅馆，看看它是否适合恩斯特在9月或10月租住，以便完成他的写作。那一年早些时候，卢给许多小旅馆和公寓写过信，这是唯一一家价格便宜且充满生机的地方。他们想趁着我有车去现场察看一番。

并不是为了制造任何丑闻。但是可以做一个比照。恩斯特去世后两天，《法国世界报》刊发了一篇纪念长文。文章写道："渐渐地，恩斯特·菲舍尔成为最具原创精神、最富有启发意义的'异端'马克思主义者之一。"他影响了奥地利整整一代左派人士。在生命中的最后四年，他在东欧不断遭到谴责，因为捷克人正是在他的思想的巨大影响下发动了"布拉格之春"。虽然恩斯特的书籍被翻译成多种语言，语种数量位居同代人著作首列，但他最后五年的生活窘迫，甚至非常艰难。菲舍尔夫妇没有多少存款，因此总是陷入经济焦虑之中。在维也纳时，他们只能居住在狭小而嘈杂的工人公寓。"他为什么就不能住工人公寓？"我听见他的对手质问。难道他比工人高贵吗？当然不是这样。他需要安静的工作环境。不论什么情况，恩斯特从来没有抱怨过。楼上楼下、前后左右的邻居日日夜夜的吵闹声，收音机里的嘈杂声音，这一切导致他在维也纳没办法如愿以偿地集中精力工作，尽管他本可以做到。因此，每年他都要去乡下寻找一个安静且便宜的临时住所——在宁静的乡村，三个月或许能够写完很多章节。但是8月以后，三姐妹都没法儿腾出一间空房子。

我们沿着一条陡峭的泥路向山上开去。穿过这片森林时，我用蹩脚的德语向一个孩子问路，但是他听不懂，惊讶得张大了嘴巴。其他人嘲笑我。当时下着小雨，树林里万籁俱寂。我记得，在沿着急转弯往前开时，我脑海中冒出了这样的想法：如果我能界定或认识树木顺从的本质，那么我也可以获得有关人类身体的某些知识——至少可以了解陷入爱情中的人类身体状况。雨水沿着树林向下流淌。一阵微风可以轻而易举地让树叶随风摆动。但是，当时没有一片树叶在摆动。

我们找到了这家廉价小旅馆。年轻女人与她的丈夫正在等我们。他们把我们领到一张长桌子边，已有客人坐在那里吃饭。房间很大，铺着木地板，窗户宽敞明亮。从窗口望出去，可以看见陡峭荒凉的山顶，掠过森林向下看，可以看到山脚下的平原。凳子上有软垫，桌子上摆着鲜花，除此之外，其他摆设颇具青年旅馆餐厅的风格。食物简单而美味。饭后，夫妇俩领着我们参观了房间。女人的丈夫走上前，手里拿着建筑设计图纸。"等到明年，一切都将完全不一样了，"他解释道，"房东们想赚更多的钱，所以他们计划对房间进行改造，增加洗手间，当然房租也会上涨。但是今年秋天，我们仍然可以按照原价把顶楼的两间房租给你们，那里非常安静，不会有人打扰你们。"

我们爬到顶楼房间。两间房紧挨着，布局一模一样，卫生间就在房间对面的楼梯平台上。每间房都很狭窄，床靠着墙摆放，一个盥洗盆，一个简陋的橱柜，房间尽头是一扇窗，窗外风景一览无余。"你可以在窗前摆一张桌子，在这里写作。""是的，是的。"恩斯特回复道。"你在这里肯定能够写完这本书。""或许无法完稿，但我应该能够完成大部分章节。""你必须租下。"我说。我仿佛看到他正坐在窗边的书桌旁，俯视着窗外寂静的树林。这本书是他回忆录的第二卷，讲述发生在1945年至1955年间的故事——这段时间他活跃在奥地利与国际政坛——主要涉及冷战的发展过程及其后果。在我的想象中，他的小桌上放着放大镜、笔记簿以及成堆的参考书。他会在午饭前推开椅子，习惯性地走下楼去散步，迈着僵硬却轻盈的步伐。我再次对他说："租下它。"

我们一起出去散步，走入这片他即将每天清晨都会走过的树林。我问他，为什么他的回忆录第一卷采用了几种显然不同的写作风格。

"每一种风格属于不同的人。"

"属于你自己的不同层面？"

"不，它属于不同的自我。"

"这些不同的自我同时存在吗？或者，当一种自我占据主导地位时，其他自我便会消失吗？"

"它们同时存在。任何一个都不会消失。我有两个最强烈的自我，一个自我充满暴力、激情、极端与浪漫，另一个充满冷漠与怀疑。"

"它们在你的头脑中会彼此交流吗？"

"不会。"（他说"不会"时，语气显得非常特殊。就好像很久以前他就思索过这个问题，经过很多次细心考证，最终获得了答案似的。）

"它们守护着彼此，"他继续说，"雕塑家哈德利卡给我雕了一个大理石头像。它看起来比我本人年轻。但你在这个头像中能看到这两个占主导地位的自我——我的左右脸颊分别对应着两个自我。一个或许有点像1759年至1794年间法国革命领袖丹东,另一个有点像伏尔泰。"

我们沿着林间小路散步,为了观察他的脸,我先走到他的右边,然后是他的左边。他的两只眼睛不一样,这种差异因为两边嘴角的不同而变得更加明显。右边的脸温柔却充满野性,这与他提到的法国革命领袖丹东相似。而我却由此联想到一种动物:或许是一只山羊,脚步轻盈,或许是一只岩羚羊。左边的脸虽然充满怀疑但显得更加坚毅:它做出判断,却只把结论藏在心中,它坚定不移地诉诸理智。如果不是被迫与右边共存,左边本来会更加顽固。我再次换到他的右边,以验证我的观察结果。

"它们的力量大小总是一样的吗?"我问道。

"怀疑的自我变得更加强大了,"他说,"但是还有其他自我。"他微笑着看着我,拉起我的胳膊,补充道,仿佛向我确认这一点:"它的霸权地位还没有最终确立。"

他说话的时候,有一点气喘,说话的声音也比平常深沉——好像被感动时说话的口吻,比如,当他将一个深爱的人拥入怀里的时候。

他的走路方式非常独特。他的臀部移动时显得僵硬，但是除此之外，他走路时看起来像一个年轻人、轻盈、敏捷，踏着自己的节奏。"目前这本书，"他说，"写作风格前后一致：超然、理性而冷静。"

"因为它写得晚一些吗？"

"不是，因为它并非关于真实的自我，而是关于一个历史时期。第一卷也是关于我自己，如果我自始至终采用同一种风格写作，肯定无法还原真相。没有哪一个自我能够超然于自我之间的斗争，并且能够不偏不倚地讲述一个故事。我们把一段经历切割成不同的类别——比如，有些人认为，我本不该在同一本书里既谈论爱情又谈论共产国际——大部分时候，这些分类都被撒谎者利用。"

"一个自我会向其他自我隐瞒自己的决定吗？"或许，他没有听见这个问题。或许他不愿意回答。

"我的第一个决定是，"他说，"不能死去。当年我还是一个孩子，躺在病床上，死神向我招手。那时我就做出了这个决定，我想活着。"

我们从**廉价小旅馆**向山下开去，开到了格拉茨。卢和安雅需要购买一些东西，我和恩斯特在靠江边的一家旧旅馆的酒吧里坐了下来。1968年夏天,在去布拉格的路上,我就是在这家旅馆见到了他。他当时给了我地址、建议与相关信息,帮我总结了正在发生的事件的历史背景。那个时候,我们看待这些事件的观点并不完全一致,现如今,努力弥合我们之间细微的分歧已毫无意义。不是因为恩斯特已死去,而是因为这些事件已被活埋,我们只能看到它们被掩埋在泥土下的大致轮廓。我们具体的分歧点已不复存在,因为它们对应的选择已荡然无存。不仅如此,它们的存在方式也不可能一成不变。机会将不可逆转地失去,就像死亡一样。1968年8月,当苏联的坦克开进布拉格时,恩斯特对死亡有了绝对清醒的认识。

在这家旅馆的酒吧里,我回忆起四年前的情形。那时的他已变得忧心忡忡。与很多捷克人不同,他认为,极有可能苏共最高领导人勃列日涅夫会命令苏联红军入驻布拉格。但他仍抱有一丝希望。这个希望与其他希望息息相关,它们都诞生于布拉格的那个春天。

1968年之后,恩斯特开始专注于对历史的思考。但他的落脚点仍然根植于未来。他对历史的反思服务于未来，服务于未来所蕴含的或伟大或可怕的转变。但在1968年之后，他开始意识到，任何革命性的转变都注定漫长而曲折，他在有生之年无法亲眼见到欧洲社会主义的建立。因此，成为历史的见证者成为他打发余生的最好方式。

在旅馆里，我们没有谈论这个，因为没有任何新事情需要他做出新的决定。目前最重要的事情就是完成回忆录第二卷的写作。就在那天早上，我们发现了一个有助于更快完成这项任务的方法。我们谈论爱情，或者更准确地说，谈论恋爱中的状态。我们的谈话内容大体如下。

如今，恋爱能力被认为是与生俱来且普遍拥有的能力——也被认为是一种被动能力（被爱情冲昏了头脑，为爱痴狂）。然而，曾经有过一段时期，恋爱的可能性为零。事实上，恋爱状态取决于是否存在自主选择的可能性——或者明确选择的可能性。恋人选择什么？他选择为了心爱的人而赌上全世界（甚至自己的整个生命）。心爱的人浓缩着一切可能性，因此她将激发对方所有的潜能。心爱的人抽空了世界的希望（这个世界不包括她自己）。严格来说，陷入恋爱状态是一种无限蔓延的情绪——它可以蔓延到比星星更远的太空,但它在发展过程中不可能永保初心不变,它无法长久。

心上人等同于全世界,这一点在性爱中得以肯定。主观来看,与心上人做爱是对世界的占有,也是被世界占有。人们总是主观地认为,游离在经验之外的一切虚无缥缈。其中当然包括死亡。

这激发了更深层的想象。人们希望通过爱接触和体验世界。他想和鱼做爱,想和水果,想和山丘,想和森林,想和海洋等做爱。

恩斯特说:"这些是变形!在奥维德的作品中总是发生着这样的变形。心爱的人变成了一棵树、一条小溪、一座小山。奥维德的《变形记》并不是充满诗意的幻想,而是一部关于世界与恋爱中的诗人的关系的书。"

我盯着他的眼睛。眼睛是苍白的(它们用力看的时候总是湿润的),就像一朵蓝色的鲜花在太阳底下暴晒后褪色成了灰白色。然而,尽管湿润而苍白,双眼仍然闪烁着光芒。

"我的生命激情源自卢,"他说,"我曾经有过多段情史。有一些发生在这家旅馆,那时我还是格拉茨的一名学生。我结婚了。我曾和所有其他爱过的女人辩论，谈论过我们不同的兴趣爱好。但是我和卢从来没有争论过，因为我们兴趣爱好一致。我并不是说，我们从来没有争吵过。当年我还是斯大林主义者时，她支持托洛茨基。我们的兴趣爱好——排在我们所有的利益之后——与众不同。第一次与她见面时，我喃喃说'不'。那晚的一切我仍记忆犹新。我瞬间知道，我能够理解她，我自言自语地说着'不'。我清楚地知道，一旦我和她恋爱，生活将会停摆。我将不会爱上其他任何女人。我将践行一夫一妻制。我将无法专心工作。我们生活的全部将只有无休无止地做爱，不会再有其他内容。世界将永远不再和从前一样了。她也明白这一点。在回柏林之前，她平静地问我：'你希望我留下来吗?' '不，不希望。'我说。"

卢从商店回来了，手里拎着刚买来的芝士和酸奶。

恩斯特说："今天谈论的主题是我，我们谈了好几个小时，你不会谈论你自己。明天我们的谈论主要内容是你。"

在离开格拉茨的路上，我在一家书店停留了片刻，无意中帮恩斯特找到了塞尔维亚诗人米奥德拉格·帕夫洛维奇的一些诗歌复印本。恩斯特在那天下午曾经说过,他不会再写诗了,对他而言,诗歌的目的已不复存在。"或许是我的诗歌观念不合时宜了。"他补充道。我希望他能读一读米奥德拉格·帕夫洛维奇的诗歌。我在汽车里递给了他这本书。"我已经有这本诗集了。"他说。但他把手放在我的肩膀上。这是他最后一次毫无痛苦地做这个动作。

我们打算在村里的咖啡厅吃晚餐。在他房间外面的楼梯上,恩斯特走在我后面,他突然轻声哭了起来。我立即转过身。他的双手紧紧压在腰部。"坐下,"我说,"躺下。"他没有在意我说的话。他的双眼掠过我,望向远方。他的注意力在那里,不在这里。当时我以为,他这样做是因为难以忍受的痛苦。但是看起来,痛苦很快就消退了。他走下楼梯——与往常一样缓慢。三姐妹正在前门等着我们,向我们问好。我们停下来和她们聊了一会儿。恩斯特向我解释刚才的事情:他的风湿病让他背部刺痛难忍。

他的神情中有一种奇怪的疏远与冷漠。要么他开始怀疑已经发生的一切,要么他内心那只曾经如此强大的羚羊已经弃他而去,去寻找一个隐蔽的地方等待死亡。我曾怀疑，我是不是马后炮。但是我不是。他的确已经疏远了。

我们穿过花园，一边听着潺潺的水流声，一边聊着天儿。恩斯特最后一次打开门，然后闩紧，因为这扇门很难开启。

在咖啡厅的公共酒吧间，我们在经常落座的那张桌子旁坐下。有些人正在喝酒。他们走到门外。店主人对捕鹿有兴趣，他关了两盏灯，走出去帮我们取汤。卢非常生气，朝着他大喊。他没有听见。于是她站起来，走到酒吧后面，重新打开了这两盏灯。"我也会那么做。"我说。恩斯特冲着卢微笑，然后又朝着我和安雅微笑。"如果你和卢生活在一起，"他说，"每天将会充满火药味。"

下一道菜端上来的时候，恩斯特已经吃不下去了。店主人走上前，询问菜的味道是否可口。"菜品很好，"恩斯特说，他把这盘没动过的菜端到面前，"烹饪得也不错，但是我恐怕吃不下了。"

他看起来脸色苍白，他说胃部下方隐隐作痛。

"我们回去吧。"我说。听到这句话，他再一次眺望远方。"不想回，"他说，"再等一会儿吧。"

我们吃完饭。他已经站不稳了，但他坚持自

己站起来，拒绝搀扶。在走向大门时，他把手放到我肩膀上——就像他在车里做的那样。但这次的感觉截然不同。他碰我的时候，手指力度比上次轻了很多。

车开了几百米，他突然说："我感觉快晕倒了。"我停下车，用手臂搂着他。他的头倚靠着我的肩膀。他大口喘着气。他用充满怀疑的左眼紧紧地盯着我的脸。怀疑、困惑却坚定的眼神。然后，他开始显得心不在焉。他双眼里的那束光已经消逝。他呼吸困难。

安雅拦住了一辆车，返回村里寻求帮助。她坐另一辆车返回。当她打开我的车门时，恩斯特费劲地把腿挪出车子。这是他最后一次本能地移动身体——有条不紊，意志坚定，优雅。

我们到家的时候，消息早已经传开。之前很难开启的那扇门已经被人打开，我们直接把车开到前门。那个把安雅从村里载回来的年轻人把恩斯特扶进屋内，然后用肩膀搀扶着他爬上楼。我走在他们后面，防止恩斯特的头撞到门框。我们把他放到床上。在等待医生的过程中，我们各自忙碌着，尽管只是瞎忙。但是，等待医生只是一个借口。我们手足无措，不知道该做什么。我们按摩他的脚，取来一个热水瓶，把他的脉。我抚摸着他冰冷的额头。他褐色的双手放在白色床单上，弯曲着，但手里什么也没有抓住。他的双手看起来与身体其他部位格格不入。它们仿佛被袖子砍断了。就像森林里一只死去的动物被砍掉的前爪。

医生到了。一个五十岁的男人，看起来很疲惫，脸色苍白，大汗淋漓。他穿着一件没有领结的农民穿的衣服。他像一个兽医。"抓住他的胳膊，"他说，"在我给他打针的时候。"他熟练地把针头扎进血管，针管里的药液沿着血管流淌，就像花园里的水沿着水管流淌。虽然我们一群人待在房间里，我却感觉像独自一人。医生摇摇头问："他多大年纪了？""七十三岁。""他看起来比实际年龄老一些。"他说。

"他活着的时候，看起来年轻一些。"我说。

"他以前得过梗塞吗？"

"得过。"

"他这次没有机会了。"他说。

卢、安雅、三姐妹和我围成一圈，站在他的床边。他已经死去。

墓室墙壁上画着死者生前熟悉的日常生活场景，除此之外，伊特鲁里亚人还在石棺盖上雕刻代表死者的全身像。图像里的人通常半躺着，一只胳膊肘撑着身子，脚像搭在垫子上那样轻松随意地舒展着，但他们都眺望着远处，头和脖子的姿势显得非常警觉。这种雕像数量庞大，雕刻方式大体相同，这样才能在短时间内完工。但无论这些雕像的模式化程度有多高，它们流露出的警觉性令人难忘。在这个语境中，远处当然是一个时间概念，而不是空间概念：远处是死者在世时展望的未来。他们眺望远处，仿佛他们在伸出双手触摸未来。

我不会做石棺雕塑。但是在我看来，在恩斯特写作的一些篇章中，作者采用了相同的做法，达到了类似的期待的效果。

1974年

图书在版编目（CIP）数据

为何观看动物 /（英）约翰·伯格著；刘彬译. — 北京：商务印书馆，2023
（伟大的思想. 第一辑）
ISBN 978–7–100–22297–6

Ⅰ. ①为… Ⅱ. ①约… ②刘… Ⅲ. ①生态文明—哲学—研究 Ⅳ. ①B824

中国国家版本馆CIP数据核字（2023）第062103号

权利保留，侵权必究。

伟大的思想 第一辑
为 何 观 看 动 物
〔英〕约翰·伯格 著
刘 彬 译

商 务 印 书 馆 出 版
（北京王府井大街36号 邮政编码 100710）
商 务 印 书 馆 发 行
山 东 临 沂 新 华 印 刷 物 流
集 团 有 限 责 任 公 司 印 刷
ISBN 978–7–100–22297–6

2023年9月第1版　　　开本 787×1092　1/32
2023年9月第1次印刷　　印张 46¼

定价：260.00元（全十册）